孩子是我们最好的传家宝

儿女培养手册

李师江 著

Training manual for children

凤凰出版传媒集团
江苏人民出版社
凤凰联动
FONGHONG

图书在版编目(CIP)数据

儿女培养手册/李师江著. —南京：江苏人民出版社，2010.8

ISBN 978-7-214-06444-8

Ⅰ.①儿… Ⅱ.①李… Ⅲ.①家庭教育 Ⅳ.①G78

中国版本图书馆CIP数据核字（2010）第171813号

书　　名　儿女培养手册
著　　者　李师江
责任编辑　陈中南
特约编辑　曹　环　刘静如
插　　图　陈　聪
出版发行　江苏人民出版社（南京中央路165号　邮编：210009）
网　　址　http://www.book-wind.com
集团地址　凤凰出版传媒集团（南京中央路165号　邮编：210009）
集团网址　凤凰出版传媒网http://www.ppm.cn
经　　销　江苏省新华发行集团有限公司
印　　刷　三河市杨庄双菱印刷厂
开　　本　700毫米×1000毫米　1/16
印　　张　16
字　　数　171千字
版　　次　2010年9月第1版　2011年4月第3次印刷
标准书号　ISBN 978-7-214-06444-8
定　　价　28.00元

目录

CONTENTS

前言 培养一个人格健全的孩子 / 001

01 家长要有健康的价值观，并且要与儿女共享 / 001

02 价值观的培养关乎孩子一生 / 007

03 家长须知：孩子不是拿来跟别人比的 / 015

04 差等生必有其他禀赋，父母要善于发现 / 020

05 家教四大基石：团队精神 + 责任感 + 判断力 + 爱的能力 / 025

06 溺爱是人格杀手 / 045

07 打能够解决的问题，不打肯定也能解决 / 050

08 挫折教育：把适当的压力交给孩子 / 056

09 家长的五个妙计赐给孩子好成绩 / 062

10 “坏习惯”不一定是坏习惯 / 078

11 面对孩子，教育者切忌思想不统一 / 084

12 “饭桌教育”，你不知道却最重要 / 090

13 进入孩子的世界，沟通才有可能 / 094

14 “逆反心理”，一个政治不正确的歧视性语汇 / 100

15 撒谎也是一种特长，关键看家长如何引导 / 110

16 幼儿园的小事故，不用大惊小怪 / 118

17 疏导 + 求助：孩子在学校被欺负时的解决之道 / 126

18 输在起跑线上——一个虚假的问题 / 131

19 从血型看孩子的性格和职业趋向 / 144

20 有目标和理想的孩子才能成为“大人物” / 154

21 重大的人生选择要由孩子做主 / 165

22 做个有游戏感的快乐家长 / 176

23 哭是孩子的天性，强行制止有害无益 / 183

24 玩具太多，反而会剥夺孩子的快乐 / 189

25 电视不是不可以看，就看你怎么看 / 195

26 让孩子早点和金钱发生关系，但必须是正确的关系 / 203

27 孩子财商发达可以作为特长培养 / 212

28 早恋虽美，但确实不妥 / 223

29 一夜成名和个人主义是成长的陷阱 / 233

后记 教育是一种通俗易懂的常识 / 241

前言

培养一个人格健全的孩子

我关注教育，源于长久的心结。

首先，是源于身边的人和事。比如我少年时最好的朋友之一，变成了几进宫的人。虽然在他自己看来，这没什么大不了，进去几年跟上大学一样，都是锻炼，都在成长，出来照样威风八面。但在我看来，在他父母看来，或者在读者朋友看来，这绝对不是什么光荣的事。正因为我们是至好，彼此了解成长处境，我认为他的问题归根结蒂是家庭教育这一块出了问题。诸如此类的事件不断发生在我身边：一个与我以礼相待的少年突然变成杀人犯，只源于一次争强好胜的冲动（他的家族之风特别彪悍，不能受别人半点不是）；一个沉默不语的少年，有一天才知道他的职业是小偷……这些说明了这样一个问题：一个人的成长轨迹，可能源于家长不经意的某种引导。

我年少时有许多偶像。有一个杂技玩得特别好，他拿着一只碗去买豆腐，经过我面前时用碗耍各种杂技，让我眼花缭乱；有一个对乐器无师自通，不论是二胡还是笛子，稍微一摆弄就能玩得如痴如醉，实在无聊就用树叶吹出各种花样；还有一个对画画特别在行，给人家厅堂的白壁上画佛像、观音、孙悟空等，但最大的用处皆仅此而已。这些人在乡村都以不务正业、不勤劳而著称，以反面形象生活在最底层，长大后就见不到他们的神技了。有一天我突然想到，这些都是极好的艺术苗子，但环境遗弃了他们的才华。如果父母有心，这些小艺术家如今就不会如病树枯萎了。

以上所举，大多发生在乡间，是以前的事。那么如今的家长就一定懂得如何教育儿女了吗？答案是否定的，家庭教育依然是大多数父母的盲点。年轻的父母们懂得教育是大事，但依旧是盲人摸象。我经常看到这样的情景，两三岁的孩子特别好动，这个动一下，那个动一下，母亲就在一边不断地斥责、阻止，似乎他安静下来才是正常状态；母亲带着孩子，见人就夸耀自己孩子聪明、成绩好，孩子的内心也相当骄矜，人未长成，骄气已养；还有的妈妈忧心忡忡地问我，女儿很爱漂亮的衣服，非常臭美，是不是毛病？特别怕生，是不是毛病？儿子好像对什么都不感兴趣，该报个什么兴趣班呢？总之没有哪件事不焦心的。更多的是孩子上网、看电视、逃课、出走、成绩不好……家长不知所措。

诸如此类的所见与心结，让我一直关注教育，并且想写一本务实的家教书。因为我认为，家庭教育是孩子人生教育的基础，是社会教育的基础。如今教育著作很多，但家长们未必看得懂，看得懂未必实用。我强调的务实，是根据中国现实家庭状况，从实例去分析，推导出一些普遍规则，用娓娓道来的方式，让即便没有阅读习惯的家长也能看进去。

特别是让家长带着问题去看，明白症结所在，明白每个教育措施的原理。让家长懂得什么是正常的，什么是不正常的，对教育尺度能够自由把握，从而自主地去引导孩子。

但是，光掌握教育的原理和实用的方法，我认为这样的教育还不够有层次，为什么呢？

这正是我关注教育的第二个原因。我是一个对社会特别敏感的人，社会事件时时刻刻在刺激我。比如一个品学兼优的博士生，忍受不了就业压力，突然跳楼自杀。这说明什么？一个专业上优异的学生，在意志上却有缺陷。一个技术能力很强的医生，因为病人不给红包，就拖延病人的手术日期，甚至在动手术时动些手脚，何其残忍？副局长为了争取局长的职位，买凶杀人除掉竞争对手，权位何其高，素质何其低！诸如此类，刚开始认为是特殊事件，后来见多了，发现是社会现象。在我心痛的同时，推而断之，这个社会的人文素养教育亟待提高——只有在一个人的成长期奠定人文教育的基础，整个社会素质才有可能提升。

任何手段对社会丑恶只能治标，而心灵的教育才能治本。

在本书中，我把人文的心灵教育与务实教育相结合，这种教育法则可以简称为“人文务实教育法”。“人文”并非一个空洞的概念，并非指读点所谓国学，背点古诗，而是渗透在一事一理中，渗透在每个具体的细节中，成为个人的准则和气质。无论一个专业素养多么高的天才，如果没有人文素质的匹配，人生的殿堂都有可能倒塌。这就是为什么世界首富能因业绩和慈善赢得世人尊重，而中国首富则有可能身陷牢笼的缘故。

本书在天涯网站连载时，有极个别的读者提出悖论，大意是：你把我们的孩子教育成好人，可社会上有很多坏蛋，这不是叫我们的孩子吃亏吗？此言论我明显不屑批驳，但需要强调：世界是人的一面镜子，心灵广阔的人，世界亦是广阔的；心灵阴暗者，面对的世界亦是逼仄的。此书要培养的是拥有健全人格的孩子，面对阴暗的环境，健全人格者以健康的理念为应对之策，而不是看见别人作奸犯科，你也跟着扎进去分一杯羹，最终一块儿打包进号子。

有熟识我写作脉络的人，又道："从前你总是批判社会，何以如今是言必教化，造福社会，莫不是改邪归正，莫不是被招安了？"言者甚众，大都只知其一不知其二。我和社会的关系，恰如一个男人与妻子的关系，吵架是常有的，但更多的是承担责任。一个对妻子百依百顺的男人，要么是妻子的附属，真的好脾气，要么是为了更好地伪装以创造条件干坏事。我是受过理想主义教育的一代人，教室墙上贴着的鲁迅、居里夫人等画像至今犹在我心。

个人混得如何乃随缘分，但为社会分忧解难却是心底之夙愿。写这本书最大的动因是：在中国社会老龄化来临的背景下，中国能否继续强大与下一代人的素质息息相关。愿通过这本书与家长分享和交流，愿你们培养出人格健全的孩子，同时你们也在为国家和民族贡献力量。

李师江

2010年7月30日

TRAINING MANUAL FOR CHILDREN 01

家长要有健康的价值观，并且要与儿女共享

家长一定要有健康的价值观，说白了就是正确理解真、善、美。这不是口号，而是一个人生活的基础，然后用健康的价值观来影响孩子，这才是最好的教育。很多家长为什么教育不好孩子？并非文化程度不够，知识不够，而是没有正确的价值观，对孩子的要求不是迁就就是霸王硬上弓。

Part1

孩子的精神教育主要靠父母

别人的孩子是优等生，自己的孩子却是差等生，跟别人谈论孩子时简直说不出口。人家的孩子是个钢琴冠军，自己的孩子却是小偷，经常偷钱去打游戏，混得像个二流子，自己一点办法也没有。别人的孩子出人头地，自己的孩子却经常犯事，将来保准是个喜欢在号子里待的家伙。别人的孩子与父母其乐融融，自己的孩子却像个仇人，与自己说不上三句话，冲突是主旋律。

是的，在教育孩子方面不如意的父母很多，他们总是责怪这个，责怪那个，当然还责怪自己，责怪自己文化程度低，没法教育好孩子。但是，责怪是没有用的，孩子的成长过程中，你没有像样的实用的方法来培养孩子，等他到了 18 岁，性格成型，已经来不及了。

把儿女培养成一个有用的人才不是一件简单的事，但也不是一件复杂高深的事。只要方法得当，潜移默化，相信你也能培养出一个精神健康的孩子。

对儿女的培养总体上可以分成两个方面，一方面是身体的培养，一方面是精神的培养。一个孩子有健康的体魄以及独立健全的人格，他可以进入社会成为积极的一份子，你的培养就算大功告成。相信大多数父母培养一个身体健康的孩子都没有什么问题，比较棘手的是如何培养一个精神健康的孩子。

如何让孩子有健康的精神世界，青出于蓝而胜于蓝，这是每个父母的愿望。精神世界的培养包括很多方面。

比如观念培养，你的孩子有没有是非观念？知不知道什么事情该做什么事情不该做？如果没有判断是非的能力，受到不良唆使，一不小心就可能变成犯罪分子。为什么少年犯那么多？是因为父母没有在孩子的成长中进行是非观培养。

比如意志培养。什么是意志培养？如果你的孩子做什么事一遇到困难就半途而废，什么事都浅尝辄止，这是因为你没有进行意志培养，他的潜能根本发挥不出来。

比如兴趣培养。你发现别人的孩子，有的喜欢钢琴，有的喜欢画画，有的喜欢科技，都有一技之长。自己的孩子不爱学习，又没有一个兴趣爱好，你肯定非常烦恼，觉得自己的孩子就懂得吃喝，将来一定一事无成。这里的问题是你没有发掘他的兴趣爱好。一个各科成绩都不好的孩子，他也许就是个天才，要不然是个实干家，要不然是个哲学家，但是你完全没有发现，就让他随波逐流，让他学些自己根本不感兴趣的东西，孩子苦，你也累。总体而言，这些都是心智方面的培养，如果这些方面都很健全，孩子就能去开拓自己的世界，不用你去担心什么了。

儿女的心智素养，其实大多是在家庭教育中完成的。学校里的知识培养和道德教育，是一种粗放式的培养。那么多的学生，老师并不能一一对症下药。这就是为什么同一个班的学生，有的能够成才，有的却成为社会上的多余人。对孩子的精神教育完全依靠学校是不行的，孩子更多的是受到父母潜移默化的影响。为什么说有其父必有其子？因为家庭中潜移默化的教育远远比学校教育要深刻得多，所以说家庭教育是孩子成长的关键。

有两个这样的家庭，一个是很成功的富翁家庭，一个是清贫的知识分子家庭。富翁的孩子生活非常优越，但往往不务正业，因为他不能从富翁爸爸那里获得精神培养。知识分子家庭很重视孩子的精神素质，经常有普世的价值观引导，这样的孩子往往得以自立。这是我们能看到的比较普遍的现象。中国俗话说，富不过三代。为什么呢？因为富人家庭往往用溺爱取代了精神的教育。

Part2

家长一定要有健康的价值观

那么作为父母，你想对孩子进行比较正确的家庭教育，需要怎样的素质呢？是不是一定要有渊博的知识？那未必，许多农民并不懂得太多，但他们的孩子却很懂事，能自学成才，这说明知识并不是必要条件。是不是一定要有很高的文化程度？那也未必，中国人上一代文化程度都不太高。是不是需要特别的教育知识呢？这也未必，因为无论你学了多少教育知识，如果不能针对你自己孩子的情况，学多少也不会有效。

我觉得，家长一定要有健康的价值观，说白了就是正确理解真、善、美。这不是口号，而是一个人生活的基础。然后用健康的价值观来影

……父母有健康的精神世界，孩子必然会受到潜移默化的影响。

响孩子，这才是最好的教育。咱们中国人，传统的现代的价值观都很多，有的希望孩子出人头地，有的希望孩子光宗耀祖，有的希望孩子圆自己未能圆的梦，有的希望孩子能赚很多钱，有的希望孩子能成为超男超女，有的希望孩子能够继承自己的家业。说实在的，这些愿望都不算错，都属于望子成龙和望女成凤，但就是有点强人所难，都是一些不太健康的价值观，一开始就不对。

如果孩子的发展方向与你的愿望相悖，以后就越来越不对，你对孩子的培养就成为与孩子的斗争，你半辈子都在斗争，孩子半辈子也在斗争，成了冤家。这就说明你自己的价值观不对，需要调整。

很多家长为什么教育不好孩子？并非文化程度不够，知识不够，而是没有正确的价值观，对孩子的要求不是迁就就是霸王硬上弓。所以我下面要讲的，就是让家长先有一个相对正确的开放的价值观，然后与儿女共享，让儿女拥有健全的人格。为了说得生动，每一点我都用例子来说明。这样，每个家长根据例子就能看出自己孩子的问题，然后对症下药，因材施教。

TRAINING MANUAL FOR CHILDREN 02

价值观的培养关乎孩子一生

很多观念是从认识人性开始，从人性开始引导孩子对生命、对他人的尊重珍惜，这就是很普世很正确的是非观。他形成一定的是非观之后，就会有意识地发展自己的是非观，你会发现你的孩子很“乖”，很聪明很懂事，很有看法。他有观念，他就会有自己的意见，有自己的判断，甚至会纠正大人的错误。

Part1
在玩乐中培养孩子的普世价值观

两三岁的小孩子，就可以进行精神方面的培养。说是培养，其实不要太刻意，就是在玩乐沟通中完成，而不是去灌输。

两三岁的孩子就有意识了。你给他东西吃，他高兴，你不给，他不高兴，就是他有意识了。也就是说，这时候你可以跟他进行很简单的沟通。他想吃某个东西，你说，这东西很脏，不能吃。慢慢地孩子就能接受你的观念，他记住了，这个东西脏，不能吃，吃了对身体不好。他有了意识，就能慢慢形成观念。

在观念形成的阶段，就可以培养是非观了。培养是非观可能贯穿孩子的整个教育阶段，这个需要家长自己有正确的是非观。

我举个例子，你可能就明白培养是非观的重要性。陈某二十多岁，因为赌博，欠了人家一些钱，又怕人家到家里讨债而被母亲责骂，晚上就拿了一把斧头去一户人家偷钱，斧头是用来防身的。他潜入这户人家里，屋里睡着个十几岁的孩子。这个孩子被惊醒了，翻了个身，陈某非常惊慌，以为被发现了，冲上去用斧头把孩子砍死，然后从抽屉里偷了一千块钱逃出来。陈某两三天后就被逮捕归案。陈某的母亲痛哭流涕，说家里就这孩子最聪明，还等着他有出息，哪想到就犯了盗窃杀人罪了呢！后悔已经来不及了。

专家认为，这个案件虽然罪在孩子，但责任还是在家长，家长在孩子 18 岁之前没有培养他正确的观念，导致他在关键时刻没有是非判断能力，棋错一着，满盘皆输，整个人生都毁了。

我们分析一下陈某的错误观念。最先是赌博，赌博是非法行为，他没有非法不为的观念。现在孩子玩的很多网络游戏，都是变相赌博或者过度消费行为。家长们要小心，这往往是走向错误的第一步。输了钱以后，决定偷。家长没有给他确立偷是犯法的观念，更别提人穷志不穷等传统观念的教育了。许多小孩子偷家里的钱，家长知道后不以为然,实际上家贼是外贼的必经之路。陈某这时已经堕落得比较深了，对犯罪后果无知。更要命的是，在形势危机时，偷窃行为瞬间转化为杀人行为。可以看出：第一，陈某根本没有基本的人性观念，比如对自己和他人生命的珍惜。第二，对法律无知，不知道杀人是要偿命的，杀别人其实就在杀自己。第三，由于基础观念的缺乏，在非常时刻容易做出非常之举,也就是我们通常所说的一念之差。一个人的素质薄弱，平时未必看得出来，区别就在关键时刻的一念之差。这样看来，陈某连最基本的是非观念都没有，是一个无知透顶的青少年，你说责任不在家长在谁呢?

所以说，观念的培养贯穿孩子的整个教育阶段。没有强烈的是非观念，那么他在关键时刻很难做出正确的判断，通常我们会说这个孩子真“二”，什么拧巴的事都敢干。

观念的培养其实贯穿在生活中的点点滴滴，父母有什么样的观念，决定了孩子的性格基础，在一般家庭，没有任何人对孩子的影响能胜过父母。父母不孝顺老人，将来孩子也未必孝顺你。总之，你必须给他一个普世的价值观，也就是放之四海而皆准的是非观。比如说在中国撒点谎不算大事，甚至被人认为聪明，到了西方，就成了妨碍司法公正，要在法律上找你算账的。这种小聪明就要不得，不属于普世的价值观。要不然养成贪小便宜的习惯，以后吃亏的还是他自己。

Part2 家长首先是对的，教给孩子的才有可能对

观念的培养，应该像春雨润物细无声。比如说，你五六岁的孩子跟你一起去海滩上玩。突然，他在海滩上捡了一个别人的玩具，他很喜欢，马上占为己有，自己玩了起来。这时候你怎么办？你必须要告诉他捡来的东西要还给人家。你要是纵容他把捡来的东西据为己有，那么以后他就会发展为把偷来的东西据为己有。

你应该怎么做呢？

如果你很严肃地对他说，这是那个小朋友的东西，我们应该归还别人。你把他抢过来，还给别人。这会有什么后果呢？孩子还没有是非观，因为他喜欢这个玩具，所以他淡化物归原主的意识，他在喜欢的欲望驱使下，便很想变成自己的。你在他爱不释手的情况下抢了过来，虽然给他说明了正确的价值观，但是方法并不对头。他对你的做法是反感的，可能认为你侵犯了他的权利，他或许会哭起来，心里并不服气，或许心里会想，以后捡到东西，都不让爸爸妈妈知道了。你这样做不但没有灌输物归原主的观念，而且让他与父母产生矛盾，没有起到教

……用商量式的做法引导孩子物归原主。

育的效果。

也许你这时候应该换成一种商量式的做法，比如你可以跟他一起欣赏这个玩具，说真漂亮，那个小朋友丢了心里一定很着急的，我们是不是还给他？假如我们东西丢了，心里也一定很着急，希望别人也会还给我们的。在情理上先把这一观念说清楚，让孩子自觉地接受这一观念。然后一起去还给他人，在还给他人的过程中体会到实施这一观念的快乐，甚至给孩子一定嘉奖。我敢保证，如果能够做到这么完美，那么捡到东西要还给他人这一观念孩子一定能接受。

实际上，许多家长在捡到东西时会顺手给孩子，以为占了大便宜，或者根本没意识到这是在教给孩子一种错误的观念，因为对家长来说也许是一件很小的事情。但长此以往，孩子的观念已经被你的粗枝大叶糟蹋得不成样子，以后你想改过来都来不及了。

还有一些孩子，眼馋，看见小朋友玩好玩的东西，吃好吃的东西，自己也想要，不给就哭。这时候家长为了制止他哭，就会向别人要过来，给他玩，给他吃。这种做法无形中纵容了孩子的占有欲，这种占有欲不进行限制是很可怕的。你宁可让孩子哭一回，跟他说这是别人的东西，不应该无理占有。你让他哭完这一回，以后就会少哭，因为他以后已经有了观念，知道这是别人的，我不能强行占有，我哭也没用，他会在你的引导下想正当的方法。

生活中的观念很多，我们很难说清楚哪些必须培养，这需要家长善于发现和引导。很多观念是从认识人性开始，从人性开始引导孩子对生命、对他人的尊重珍惜，这就是很普世很正确的是非观。他形成一定的是非观之后，就会有意识地发展自己的是非观，你会发现你的

⋯⋯对生命尊重和珍惜，是重要的普世价值观。

孩子很“乖”，很聪明很懂事，很有看法。他有观念，他就会有自己的意见，有自己的判断，甚至会纠正大人的错误，你就会发觉别人夸你的孩子聪慧，而绝不止是小卖乖、小讨巧的那种小聪明。

比如，一只挣扎的小鸟落在地上，小孩子往往会去折磨它，这是小孩子好奇的天性所致。那么你告诉它，小鸟跟人一样，它受伤了，它的孩子正在等它回家呢。你可以跟孩子一起做救治的工作，如果救治有效，看到小鸟能飞起来，小孩子得到的快乐一定大过很多游戏。而他对生命的尊重和珍惜也是课本上根本学不到的，已经渗透到他的心灵了。这样教育的孩子，长大了会成为杀人犯吗？不可能的。他的道德感已经建立起很强的堡垒，家长不用担心，他永远在一个道德和法律的及格线上活动，已经保证不会堕落了。

很显然，这要求家长自己首先要有人性的光芒，你才能激发你孩子的人性光芒。观念决定了孩子一生的大方向，家长一定要注意控制自己的不良举止。

TRAINING MANUAL FOR CHILDREN 03

家长须知：孩子不是拿来跟别人比的

初为人父人母，就像初进考场一样，千万不要奢求，不要想得100分，要有平常心，这样才能发挥出最好水平。孩子绝对不是用来炫耀的，也不是一定要做什么事业的，家长如果在这个问题上态度不对，孩子可能要跟着遭殃。

Part1

别让孩子成为你“出人头地”的牺牲品

我们有一些做父母的，自小家里比较清贫，长辈和老师会教育我们，吃得苦中苦，方为人上人。我们也确实通过一番奋斗，吃了好多苦，才换来个有吃有住让孩子生活得安心的环境。既然自己都实践了，那么肯定认为这是真理，吃得苦中苦，方为人上人，成为凌驾于他人之上的有特权的人。因此想让孩子将来更上一层楼，出人头地，成为超男超女。

显然，这种思想是错误的，说不客气点，是封建残余、等级制度的思想残渣。有这种思想的父母，在教育孩子上就会过分用力，欲速则不达。

中国父母通常有望子成龙的心态，这不奇怪，是从封建时代遗留下来的，需要矫正。古代呢，一个家族想混得好，除了考试当官，没有别的路可走，当了官就可以出人头地，鸡犬升天。古代你做个手工业者，遭人歧视；做个科学家发明点什么，属于旁门左道，甚至会举报你妖言惑众；你有娱乐天赋，卖卖唱什么的，遭人歧视，辱没门风。总之，除了吃喝拉撒那一套，你要是想靠自己的天赋生活好，是很难的。现代社会不一样了，分工很明确，平等意识加强，行行出状元，唱个歌什么的根本没人歧视你，而且捧你场的还不少，简直翻个儿了。可以说，人人都可以在各个行业发展自己的天赋，获得人生价值，路子宽了许多。但是呢，其实封建那一套出人头地的思想并没有消除，你只要看见一群家长聚在一起攀比自己的孩子，你就会发现，他们没拿孩子当个人，而是当个品牌，给自己赚门面呢。这种做法不对，所以我要强调，要想教育好孩子，必须先矫正家长对孩子的态度。

举个例子来说。有家长看丁俊晖台球打得好，成世界冠军了，都佩服他爸爸的眼光，给孩子找对了门路，赌一把赌对了。想想呢，自己孩子有什么天赋，赶紧发现呀，也倾家荡产送去赌一把，出人头地呀。仔细想想，不对了，可能全国有成千上万个爸爸是这样的，可成为世界冠军的只有一个小丁，大多数是让孩子辛苦单调了半辈子，失去了其他学习的机会，什么冠军也没得一个。他不是那个料儿，或者根本不是顶尖的料儿，只是你出人头地的牺牲品。再说了，如果你的孩子幸福平凡地过一生，也不比什么世界冠军差呀，要那点虚荣干嘛呢。

有的父母，自己是企业老总，就想让孩子将来能继承自己的事业。曾经有一个孩子，大学刚刚毕业，说父母开了工厂，想让自己毕业后去做管理，然后做继承人。可是他十分惶恐，因为他最怕管理，根本不想做，他只想做个普通的员工，过简单的日子。所以，赶鸭子上架是不成的。

初为人父人母，就像初进考场一样，千万不要奢求，不要想得100分，要有平常心，这样才能发挥出最好水平。孩子绝对不是用来炫耀的，也不是一定要做什么事业的，家长如果在这个问题上态度不对，孩子可能要跟着遭殃。我碰见一位母亲，老是说她孩子怎么考第一，特虚荣，结果孩子连高中都没考上。孩子为了满足母亲的虚荣心，可能平时动了些手脚，说了些假话，母子从来就没有真正知根知底过。

Part2

孩子是个小宇宙，自我完善最重要

当然，我也不是反对让孩子成才，让孩子成为某一领域的顶尖人物。这个涉及到孩子的智性发掘，如何发现孩子的兴趣，发展孩子的潜能，这个后面会说到。但是这绝对不是在孩子很小的时候你就要干的事，今天学钢琴，明天学英语，后天学京剧，样样都想学，都想学出点门道，结果随大流。很多家长就是这样，说是什么不能输在起跑线上，根本就没人跟你比，输什么输。孩子是个小宇宙，自己完善自己最重要，别跟社会潮流凑热闹。

那么，孩子在你眼里应该是什么呢？说大一点，在地球上，他就是个生物，与万物平等。在人类这个范畴，他就是一个人，普通人，将来能干嘛不是你现在就能计划的。父母的首要任务是让孩子成为一个合格的社会人，能够开心快乐地生活。父母有这样的平常心，你的家庭教育就有一个宽松正确的起始，不会在孩子一两岁的时候就开始为孩子选择好学校呀、好老师呀，着急得上火。着什么急，最重要的老师是父母，父母傻乎乎的，把孩子送到美国去读幼儿园都没用。孩子最需要的是父母的智性沟通和情感孵育。

智性沟通就是父母跟孩子讲道理，这是让孩子认识世界、通晓人情世故的最基本手段；情感孵育就是让孩子享受父母的爱，并且懂得去爱别人，这是情感教育的基础。这两点父母能做好，孩子的精神就有一个健全的基础。

如果你认准了，孩子不是拿来跟人比的，你做父母的只是想完善他的能力，让他有快乐的人生，你就不会瞎着急。你要做的，只是多腾出时间来和他玩，和他沟通。孩子上学了，班上有优等生，也有差等生，你的孩子刚好是差等生。别着急，总是有差等生的，不要为孩子而自卑，要相信孩子，差等生没有什么大不了的，他肯定有其他的特长在考试上没体现出来，你要去发现他的特长所在。大导演李安还是差等生呢，人家三四十岁了才厚积薄发，原来天赋全躲在电影镜头里呢！关于如何发现天赋，下面我也会谈到，我想强调的是，没有很差劲的孩子，只有快乐与痛苦的孩子。如果你要孩子做快乐的孩子，那么不要有太高期待，一步步以平常心来培养。

04 TRAINING MANUAL FOR CHILDREN

差等生必有其他禀赋，父母要善于发现

一个差等生，他在应试方面可能很差，但有可能他的感性思维能力很强，是音乐、绘画、文学等艺术领域的好手。如果你自己没有这方面的眼力，最好请有一定艺术眼力的朋友来帮你发掘，加以引导，给他一个平台。这样孩子就不会把编程能力用在赌博上，不会把审美能力用在早恋泡妞叛逆上。

Part1
别让孩子的坏成绩蒙上你的眼睛

家长肯定特别想知道，我的孩子成绩那么差，是标准的差等生，他有特长吗？在哪里？你能告诉我吗？

那么，我就先讲发掘特长方面的问题。

我的一个朋友，是个作家，在文学机构工作。但是每次谈她的女儿，总是抬不起头，为什么呢？孩子成绩不好，也看不出有什么特长。而且由于长期是差等生，一直回避学习问题，与家长形成隔阂。对家长来说，这确实是一种压力，因为不论在饭局或者公共场合里，有时人家问她孩子的情况，不外乎学习啦，考上什么学校啦，为人父母者避免不了这个问题。要命的是，她的孩子高考连大专线都上不了，后来托了关系，上了一个师范大学大专班。她老觉得只要孩子有普通学生的好，她也就心满意足了。女儿进了大学，在学校住宿，回家时有一次她还在女儿的书包里发现了毛片，她觉得遭透了，学习搞不好，教育方面也没搞好。

但是有一天我们通电话的时候，她很高兴地告诉我，她发现女儿有一种她前所未见的天赋，她在女儿的日记本里发现了女儿写的诗歌和随笔，文笔非常漂亮，思维天马行空，一看就很有才气，真不是同龄孩子所能比的。女儿的天赋她找了很多年，原来藏在这里。虽然女儿的文字看不出有什么天才，但至少表明是可以靠文字谋生的。

于是她和女儿商量，重新制定了学习的目标，计划考研究生，以后往文艺评论方面发展。可以说，这一点达到共识之后，她和女儿都找到了自信，现在正向这个目标前进，并且效果良好。女儿在大学里的学习也如鱼得水，看了许多世界名著和电影，做起评论来头头是道，完全跟中学里不一样了。

我想用这个例子说明，一个成绩极差的孩子，极有可能是某个方面的天才，只是你没有去发现，没有给他设立一个平台。假如这个妈妈不理解女儿写的那些日记的价值，有可能这个女孩子就是个平庸的女孩子，一辈子被差等生这个帽子压得喘不过气，更不会跟人展现她的特长。实际情况是，由于父母们忙于工作，忙于生意，或者自己文化程度比较低，不能发现孩子的天赋，或者对孩子的天赋视而不见。这样，你就不能给孩子的天赋架设一个平台，他永远在自己不擅长的平台上做差等生，被别人鄙视，被自己看不起。不能不说，很多现状就是这样。我看到很多父母去外地工作，去外地做生意，把孩子留给爷爷奶奶，孩子拿了钱，把天赋用在打游戏、赌博、混社会上面，相当可惜。

Part2

发掘孩子的特长，要学会关注和寻找

那么，父母如何发掘孩子的特长，特别是差等生的特长呢？我觉得监护人一要关注，二要寻找。比如说，一个差等生，他在应试方面

……他在应试方面能力很差，但他可能是艺术领域的好手。

可能很差，但有可能他的感性思维能力很强，是音乐、绘画、文学等艺术领域的好手。如果你自己没有这方面的眼力，最好请有一定艺术眼力的朋友来帮你发掘，加以引导，给他一个平台。这样他就不会把编程能力用在赌博上，不会把审美能力用在早恋、泡妞、叛逆上。

对孩子特长的发掘其实是不必着急的，从一岁到二十几岁的每个阶段都可能出现。当然，那些需要练习童子功方面的天赋，比如说钢琴什么的，必须请专业人员判断。一般来说，我们从他的兴趣、爱好、血型、星座等方面都可以发现孩子的特长。

也就是说，一个优等生，他的智力因素可能很早就显露。一个中等生，发展也比较均衡。一个差等生，他不太适应应试体制，需要父母更耐心地给他搭建一个新的平台，但是不要让他在自卑中埋没了特长。优等生和差等生，是基于学校教育体系而分辨出来的，对父母来说，没有差等生，你必须对你的孩子有信心，你还要培养他健全的人格。能力方面，只要你细心和用心，迟早有一天他会给你一个惊喜。

TRAINING MANUAL FOR CHILDREN 05

家教四大基石：团队精神+责任感+判断力+爱的能力

团队精神、责任感、判断力和爱的能力是家庭教育的四大基石，如果父母在教育孩子的过程中能够抓住这四大基石，不仅孩子能够一帆风顺地成长，父母的教育也会变得轻松简单。团队精神是孩子成长中的必备素质，没有团队精神的孩子在哪里都拧巴。责任感是孩子奋斗的精神动力。判断力是孩子一生中的重要财富。孩子有了爱，才懂得爱之妙处，懂得去爱别人，孩子的世界才是美好的，无所畏惧的。

Part1

团队精神——孩子未来成才的基本要素

前面我谈了家长对自己孩子的基本态度：第一，不要有太高的预期，把孩子不当人当成神来培养，那样不对。第二，如果你的孩子是差等生，不要失望，要在成长中帮他找到自己的舞台。

有了这两种态度，我们再来谈基础素质的培养。先谈团队精神。

团队精神就是如何处理个人与集体的关系。为什么要强调团队精神？因为，你的孩子一进入幼儿园，乃至将来进入社会，都处在集体里，都必须要跟集体打交道。个人与集体的关系是不可避免的。这个问题不解决，你把孩子放在哪里，都拧巴。

先讲个例子。我们的孩子上幼儿园前，假如幼儿园有面试，也几乎不会去考察孩子有没有团队精神。但是在日本，小孩子入幼儿园可比我们严格得多。他们也面试，把 8 个小孩子放在一个房间里，跟他们说，嘿，你们把这个房间里的这张桌子抬到另一个房间去。结果呢，6 个孩子去抬桌子了，剩下 2 个孩子乐得清闲，省点力气。老师就把那两个孩子的家长叫过来，训斥道，你们怎么教育的孩子呀，一点团队精神都没有，不合格，回家去。家长很惭愧地带着两个孩子回去了。明年再来面试，还是一样的节目，两个小孩子就迫不及待地上前搬桌子了。

从进入幼儿园，到将来进入社会，每个人都要与集体打交道。

日本人就是这样塑造团队精神，塑造民族凝聚力的，这一点我们不能不佩服。弹丸之地为什么是世界第二大经济强国？日本的国力完全是教育出来的。

我们中国的教育并没有刻意地从小就培养孩子这种团队精神，所以有人说中国人一盘散沙，不能拧成一股绳。拧成一股绳必须靠有意识的教育。有的家长特别是老一辈家长，听说学校里有集体劳动，就会嘱咐自己的孩子，嘿，你能偷懒就偷懒，别把自己搞得太累了，搞得衣服脏兮兮的。这是反团队精神的教育，这种孩子长大后不是一盘散沙才奇怪呢。

我跟朋友们说起这个对比的时候，经常感叹，我们个人主义教育真的会把国家的后备力量掏空，跟人家那种团队精神的教育没法比呀。大家可以就这个例子跟自己的亲戚朋友交流，希望父母们有所觉悟。我们的孩子建立起坚固的团队精神，利国利民。

以上谈到的是培养团队精神对整个国家的好处，对整个民族向心力的提升。那么有的父母问了，对国家有好处，那对个人有没有好处？我的孩子比一般孩子要聪明，鹤立鸡群，是不是没必要和团队混在一起呢？和团队混在一起是不是会泯然众人矣？

此言差矣！可以说，懂得融入集体，懂得团队合作，是每个孩子成长中的必备能力。原因何在？

第一，你的孩子从幼儿园起，直到将来在社会上就业，哪怕他当公司老总，当一国总统，都离不开团队，离不开与团队相处的能力。想想，如果你是个老总，缺乏与整个公司合作的能力，底下的人会给你卖命吗？你是一国总统，自视甚高，不把政府班子放在眼里，议会迟早会把你给弹劾了。有的孩子在幼儿园里很难融入集体,家长很头疼。家长总是不理解，为什么别人的孩子能够玩得好好的，自己的孩子老是想回家当孤家寡人呢？原因不在孩子，在于家长没有培养孩子的团队情商和团队能力。

第二，团队是个互相学习进步的集体，个人的能力只有在团队里，才能得到最大的提升，乃至实现个人的价值。你素质比较高，可能在团队里起的作用大，可以做领导职务。没有说你能力很强可以凌驾在团队之上的，有这种想法的人迟早要被团队甩掉，什么也干不成。

总的来说，人是社会性的动物，单个人连个茅房都建不好，何谈实现价值？人必须在群体中求得生存的机会。一个人没有团队精神，特别是在现代社会里，很难成功。我们这个社会，只有很少职业是单兵作战的，比如你是个作家，是个离群索居的艺术家，通过独立创作来实现价值，但是如果你没有从社会团队里过来，你有创作经验么？肯定是空中楼阁。而且，表面上看你是单个人在工作，实际上你还是处在艺术家的群体中，你要向同行不断地学习和切磋，没有人能离开团队自个儿玩。既然如此，团队精神就是一个人成长必备的属性。

那么，我们如何培养孩子的团队精神呢？

我们的孩子，其实有很大一部分是喜欢集体的，很快就能跟小朋友们玩在一起，不亦乐乎。这些孩子的团队精神比较好培养。还有一部分孩子，或者性格孤僻，或者怕生，或者孤傲，总之，有各种各样的原因，不愿意融入集体中，不愿意上幼儿园，这是比较难搞的。万一父母很忙，也没人管，长期下去性格会扭曲。我先说说怎样让孩子能够进入集体。

孩子与集体形成的纽带应该是集体活动，例如运动和游戏。如果孩子在集体活动中体会到快乐，体会到完成整个活动的成就感和满足感，他就会明白，在集体中有这样的快乐，在集体中能够实现自己的价值，你让他待家里他都不待。

那么，如果一个孩子畏惧集体、孤僻，那怎么办?

具体方法有很多。比如，他不跟小朋友玩，那总能跟父母玩吧。家长可以和他一起玩互动游戏，比如踢球，至少需要两个人踢，两个人传球配合，他踢出感觉，哦，明白了，集体活动有快乐，是跟独自玩不一样的快乐。然后有一天爸爸没空了，叫他试着跟别人踢，慢慢地他就适应了和他人的互动交流。再慢慢地让他喜欢集体活动，慢慢地走进小朋友的圈子里。可以一步步地来，循序渐进，慢慢改变他对小朋友的成见，体会集体的快乐，最后融入集体。这对孤僻、怕生的孩子是有效的方法。

还有一种是孤傲的孩子，由于孩子课外学的东西挺多，觉得老师讲的没意思，不爱去课堂，不爱听课，这种思想苗头对融入团队也是比较大的阻碍。觉得自己高，这个团队不适合自己，小孩子如果这样认为，一定要吃亏的。所以家长必须教孩子学会尊重团队（老师是团队的骨干），即便老师讲的东西理解了，也可以听听与自己的理解有什么不同。我觉得也许是家长对孩子的过度夸奖影响了孩子的自我评价，自我感觉良好，觉得老师不行，小朋友们不如自己。这样很危险，好高骛远的孩子就是这样产生的。所以你必须让他尊重团队，不要高估自己，低估老师同学。这些孩子融入团队后，有可能是出类拔萃的人物，脱离了团队，可能除了孤芳自赏，将来什么都学不成，因为排斥团队就意味着你失去了学习诸多能力的机会。

其实，团队精神的核心并非只是混在小朋友堆里一起玩，混进去只是第一步，最重要的是贡献能力，寻找快乐。你必须让孩子在团队活动中出力，并且要肯定孩子的表现，让他明白，正是他的参与，帮助团队取得了很好的成果，孩子得到肯定，也会感到满足。

比如说，孩子参加了学校的植树活动，对孩子来说，可能只是随大流走过场，去玩一玩。但是如果回来后你问他今天种了几棵树，你们班种了多少，告诉他你们今天种的这些树，以后会成为一片树林，对绿化起到很大的作用，还能改变这一地区的风景。他会大吃一惊，没想到自己和自己团队做的事情会有这么大的价值。也许在以后的集体活动中，他会变得非常自觉，也变成活动的积极分子，明白自己所做事情的价值。

如果你责怪他，怎么参加活动把衣服弄这么脏呀，一身臭汗，他对集体活动就会困惑，参加什么活动就会出工不出力，这种人将来很难运用集体的力量来完成事业。一个人能在集体事业中成为佼佼者，必能实现自己的价值。

对孩子的教育，一方面是自我精神、自我能力的培养，一方面是团队精神的培养，两者并不矛盾，而是相辅相成，自我的个性和能力在团队中如鱼得水，如虎添翼。团队精神的培养是个长期的过程，不要求一朝一夕，重要的是要在生活中养成习惯。不但在学校团队和家庭团队中可以培养，在邻居团队中也可以培养，要让孩子经常在团队中贡献自己的能力。

拥有团队精神的孩子，具有快速融入团队并适应团队的能力，走到五湖四海，到处都是朋友，到处都能有所作为。我为人人，人人为我，这不是一种夸大其词的空谈，而是实实在在的能力。而从小有团队精神的孩子，也会使家长的教育变得更加简单，因为他在团队中有更多跟同伴学习切磋和自我教育的机会。

Part2

从小分担责任，人人皆可成尧舜

80 年代以后出生的孩子，父母的资本储备相对充足些。有很多孩子到了大学毕业，还心安理得地做啃老族。父母即便养得起，但是心里肯定也不自在，谁不希望孩子能自食其力呢?

啃老族的形成有很多社会因素，比如工作难找等客观原因。但是如果这些孩子心安理得于啃老族状态，则是家长没有培养孩子责任感的结果。长期衣来伸手、饭来张口，习惯了，就会觉得理所当然。没有责任感的孩子会采用最舒适、最懒惰、最简单的方式生活，跟父母索取当然是最方便的，他很难会有进取心。

即便你多么疼爱自己的孩子，心里还是不愿意看到孩子这个样子。可是这个时候醒悟过来，想培养他的责任感，已经很难了。因为，责任感是两三岁就要开始培养的。现在有宝宝的父母，如果你们想培养出一个男子汉，或者能为父母分忧的女孩，就要从小做起。

孩子到了两三岁，就可以进行责任感的教育。

周末的海滩上，我们经常可以看到一家三口这样的情景：爸爸把车开到离沙滩不远的路上，妈妈下车，让爸爸抱着三个人的所有用具，步伐蹒跚地走向沙滩。妈妈则对五六岁的宝宝说，来，妈妈背你过去，妈妈背着宝宝跟在爸爸后面。这一幕其乐融融的景象，你看了会有什么感想？像不像自己家庭度假的情景呢？

同样的时间地点，也许还有另一幅场景：爸爸把车停下来，从车里一件一件取出用具，分工说："宝宝，你拿你自己的游泳圈，还有游泳衣；妈妈拿爸爸和妈妈的游泳圈，爸爸拿帐篷。对了，宝宝，你还能拿一下咱们玩的皮球吗？"这样，三个人合理分工，每个人都拿着东西走向沙滩。

显然，第二种情景就是在培养孩子的责任感。这时候，家长把孩子当成一个和自己一样的人，有能力做他能做的事，分担他自己的一部分责任。前一种情景呢，家长只把孩子当成自己的宠物，自己的附属，没有当他是个有能力的人，孩子只会享受，不需要承担责任。孩子是一张白纸，你当他是什么，他就是什么。

我要告诉大家的是，其实后者是西方式的场景，在我们中国不多见。中国的父母多是把包袱背在自己身上，认为孩子还小，不给他任何负担。其实，这是对孩子能力的否定，也是对孩子责任感培养的失职。当他还小的时候，什么事情你都替他扛着，长此以往，当他二三十岁时，如果他自己没有能力承担生活，他照样把生活的负担放在你的肩膀上，这时候你后悔就来不及了。

孩子在成长过程中，不同阶段有不同的能力，家长应该时刻让他的能力发挥起来，承担自己能够承担的那部分责任，哪怕仅仅是象征性的，也能有效地培养孩子的责任感，因为每个家长都不愿意把真正的累活给孩子干。没关系，你要培养的仅仅是孩子的责任感，并非要

……把孩子当成和自己一样的人，有能力分担他的一部分责任。

拿重活把孩子累坏。起床的时候，让孩子自己整理被子；旅游的时候，让孩子带自己的东西；去外边吃饭的时候，让孩子自己点一样菜。乃至在孩子能够自己赚钱的时候，嘿，出去吃饭时让孩子买一次单，等等。家长这样做，实际上是让孩子明白，生活中的事情，是大家共同承担的，不是天生就压在父母头上的。

如果家长重视培养孩子的责任感，那么孩子在完成责任时，感觉到自己的价值，还会形成骄傲感。这样，将来他走上任何一个岗位，都会找到自己的责任所在，都会去实现自己的价值，拿回那份满足感。俗话说，能力越大，责任越大。倒过来也一样，当他责任感很强的时候，他就会去提高自己的能力。谁不希望自己的孩子将来成为家庭的顶梁柱，成为男子汉，成为能干的闺女呢？责任感的形成，是这一切的精神动力。

责任感的培养，是个长期的过程，也许孩子五六岁、七八岁的时候并不感冒这一套。但是没有关系，家长要长期坚持，说这个事情本来是你做的，今天爸爸妈妈帮你做了，以后可要自己做的。也就是说，即便他懒，他要你做，你帮他做了，但是你要把你的观点告诉他。滴水穿石，总有一天他会明白，或许他不会成为很有责任感的人，但是会成为比较有责任感的人，比那种完全没有责任感的孩子要好得多，这也是你教育的成果，值得庆幸。我们不求教育的完美，但求有观念，方向正确而且持之以恒，这样的父母就是合格的。

Part3

经常向孩子讨教，可以培养判断力与主见

我们如果影响孩子的观念，其实只是给他一个大的方向，防止他走到人生的及格线以下，这些大方向有时候并不能让他去处理生活中很具体的问题。真正让他在生活中游刃有余的，还是他自己的判断力。也就是说，我们培养的是一个有主见的孩子，能够随机应变，也许比我们更能适应社会的人。所以我们完全没必要担心自己的教育会让孩子僵化，反而束缚他的手脚。

比如说，我们教育孩子要助人为乐、救死扶伤，这是一个大的方向，绝对正确。但是在社会中，出现了救助老太太反被讹诈这种事。世风如此，孩子在遇到这种事的时候，就会有警惕性，他还会帮助人，但是不采用近身的办法，而是叫警察，叫 120，或者随机应变采取其他办法。

总之，我们最终培养的孩子，要有这个活学活用的能力。孩子有了判断力和决策力，对待任何事情，他就会有自己的判断，以后就不用你一点一滴再教他怎么实践。

培养判断力，跟培养责任感一样，从小就可以开始，可以从兴趣、游戏入手。有些家长会问，三四岁或者五六岁的孩子，会有判断力吗？需要这么早培养吗？

这里面大多数家长有一个认识的误区，认为自己是生活中的全知者，孩子是生活中的无知者，什么事情都是自己比孩子明白，都是自己教孩子，这是不对的。比如说，一个玩具怎样好玩，孩子肯定比你

懂得多，因为一般来说，成人已经失去了童心，你会觉得索然无味，只有孩子知道它的魅力。小孩子看《天线宝宝》，看得其乐无穷，你看了觉得单调，说明什么？说明孩子发现了《天线宝宝》的魅力，而你没有发现。也就是说，在孩子的兴趣世界里，他是主宰者，他了解的比你多得多，你是麻木者，只有跟他学习的份。只有当你进入孩子的世界，分享他的快乐时，你才能明白孩子的内心世界。

在孩子的世界里，孩子才是主宰者，他已经有自己的判断力了，他知道这样好玩，那样不好玩。对你来说，可能两者都索然无味，你是外行。比如说，有的孩子会在房间里把书本、积木、盒子什么的堆起来，堆得高高的。如果你是一个聪明的家长，你就可以利用这个机会培养孩子的判断力。

这时候你可以当个求知者，问孩子，为什么叠这么高呢？也许他回答不出来为什么，因为他是靠直觉去做这件事的。他就回答：好玩。这是他的一个理由，就是好玩，他成为这个游戏的发明者。那么你继续讨教：为什么爸爸叠到你那么高就倒下来了呢？那么，他就来教你，怎么堆得更稳更高，这样，他的判断力得到极大的锻炼。

整个过程中，他非常自信，孩子认为自己发明的游戏是很有乐趣的，别人还想来玩，自己掌握了别人不会的技能，并且还有人来讨教，这是培养判断力的好方法。如果你换一种态度，看见他把房间的东西折腾乱了，训斥他，怎么能把这些东西叠在一起呢，你去反对他。这时候他可能认为自己感兴趣的事是不被认可的，无形中对自己的判断力产生了怀疑，根本谈不上对判断力的培养。

也就是说，经常向孩子讨教他的世界里的问题，可以培养孩子的

……他来教你怎么叠得更高更平衡，他的判断力得到极大的实践。

判断力。比如和孩子去麦当劳，你说，今天妈妈不饿，只是有些口渴，妈妈该喝些什么呢？他可能会给你推荐一些饮料。千万不要认为这是一种很浅显的提问，孩子的判断力在这样的一问一答中得到很好的锻炼，因为他给你的建议果然能解决你的问题，他以后就敢于为大人做出其他的判断。这种能力以后运用到社会上，不得了，决策人才是社会的稀缺人才。实际上很多决策并不需要多大的智慧，更多的是需要魄力，这种魄力是长期锻炼形成的。

还有一种情况是，孩子在游戏的过程中，确实会出现错误的举动。比如有的孩子在家里玩，喜欢爬阳台，这时候最好用探讨式或者商量的方式来指出不良后果，然后纠正他的观点，让他明白，这个行为是错误的。你的话语方式应该是："孩子，这样做是不是不对？是不是会出现什么后果？你说呢？"让他得出自己的判断。因为毕竟你是成人，随时纠正孩子的错误判断与随时支持他的正确判断一样重要。

总之，讨教式交流培养他的判断力，探询式交流纠正他的判断力，在生活中坚持这样做，你的孩子很快会触类旁通，掌握他的世界里的原则，很自然地能做出正确判断。有判断力的孩子，你的教育要轻松很多，十几岁以后，有可能是他来指导你的生活了。因为他的知识面非常广非常新，而你却老了。孩子有了判断力，有了决策能力，这是他一生中的重要财富。

Part4
爱是一种教育而且极为重要

爱是一种教育吗？当然是，而且极为重要。

为了说明这个重要性，我们先来看一下没有爱的教育的孩子长大会怎么样。

从心理学上来说，成长中缺少爱的孩子，长大后有两种极端倾向。

第一种具有情感饥渴症。情感饥渴症的人缺少安全感，喜欢接触人却往往缺乏恰当的表达方式，感情的表达总是过分，乃至让人觉得很怪，甚至厌烦，他们想合群其实又不能合群。有的埋藏着恋父恋母情结，甚至有畸形的情感渴求。

第二种具有冷漠症。缺少爱的孩子，内心冷漠，心如铁冷，而且容易产生仇恨。像马加爵一样的案件现在不是一件两件，追根究底，缺少爱的教育才是本质原因。如果有爱的教育，绝不至于发展到那么极端。

以上是两个极端。但在孩子的成长过程中，你又怎么知道孩子是不是缺乏爱的教育，需不需要对这个问题重视呢？很多家长给了孩子爱的教育，但是也有一些家长很忙，或者教育方式不对，孩子就可能出现一些缺少爱的苗头。

我举几个例子，你也许就能由此及彼，知道孩子在爱的教育上需不需要加以关注。比如我朋友的孩子，特别爱翻脸，说不高兴就不高兴，为了一点小事就动了跟同学、朋友甚至父母绝交的念头，别人不理他，他就永远不理别人，这就是缺少爱的表现。有爱的孩子一般应该是，跟小朋友产生别扭，闹翻了，但是过一两天，他就忘了不愉快的事，又跟没发生过任何事一样玩在一起。仔细分析，闹别扭是属于情绪反应，产生矛盾了，情绪不愉快，所以不跟你玩了。但是情绪过去以后，底下的感情涌上来了，同学之情，朋友之爱，父母子女之爱，他内心有这些东西，情绪过后这些东西就占据内心的主宰地位，所以他很快就回到爱的世界，重新拥有正常的情感。如果孩子没有受过爱的教育，心底里没有这些东西，不愉快产生的仇恨情绪冲不掉，甚至变成心底的沉淀物，在内心里埋着恨，却没有爱去帮助化解，不出事才怪呢。

有的孩子，什么不高兴的事都在心里憋着，不愿意跟周围的人交流；同样，快乐的事情也不愿意和别人分享，这样的孩子是孤独的，这也是缺少爱的教育的征兆。还有一些孩子，从小表现出贪婪、自私的特征，妈妈买了水果他就一个人都包了，吃不完也不分给家人。其实很多恶习，都是缺少爱的表现，父母只要有这个意识，一般是能够发现的。

我认为爱是孩子一生中解决矛盾的润滑剂，爱是化解危机的最佳良药，万万不可轻视。

那么怎样对孩子进行爱的教育呢？这个问题分为两个部分，一个部分是给予孩子爱，一个部分是教孩子给予爱。

给予孩子爱，你必须让孩子感受到家人给予他的爱，让孩子充分享受爱，孩子有了爱，才懂得爱之妙处，懂得去爱别人。从婴儿开始，父母就在不知不觉中给予孩子爱。比如说婴儿时期，孩子就喜欢妈妈的怀抱，妈妈的怀抱让孩子有了安全感。妈妈轻轻的抚摸和轻言软语以及摇篮曲，奠定孩子早期心理健康的基础。孩子学会沟通之后，父母要了解他的快乐和烦恼，与孩子分担和分享，这里面有点点滴滴的爱，

……不愉快的情绪通过爱的化解，很快就会回到正常的情感世界。

这是爱的教育很重要的手段。

给予爱，更要提醒爱，让他懂得这是爱，这在生活中无所不在。给孩子一个苹果，告诉他妈妈不吃，给你吃，是因为爱你。孩子生活在一个充满爱的世界，如果不提醒他这是爱，他是不会明白的。一般的孩子认为，爷爷奶奶、爸爸妈妈对我这样做是应该的，不这样做就是不爱我，这是没有爱的提醒的结果。

除了给予孩子爱，教孩子给予爱也是很重要的。在这方面，身教胜于言传，父母潜移默化的影响其实是最重要的。有的家长对自己父母态度不好，甚至在孩子面前表现出来，这个很要命，孩子有一定理智的时候，一定不相信你曾经对他有爱的教育。即使他相信你给了他爱，但这种爱也是很狭隘很自私的，你的孩子绝对不会把这种爱融入到他广阔的生活中，他只会有选择地爱，爱对自己有利的人，这是一种势力的爱。有爱心的父母，对生活中的人和事抱着友好和关心的态度，甚至爱花园里的一草一木，这对初涉人世的孩子都有至深的影响。有了爱，孩子的世界才是美好的，无所畏惧的。

如果你的孩子缺少爱，还是从沟通入手，慢慢改变他的世界观，给予他爱，让他学会爱，让爱代替恨。如果发现他已经发展到有心理缺陷了，则要带孩子看心理医生来矫正。我举同事小秦的例子来说明，小秦由于生活环境的影响，变成这样的一个人：如果有人对她好，她就想为什么对她好，目的是什么，是不是来还人情的，自己以前有没有对这个人好过，最终都能够换算出经济数值来。在她的心里，没有爱，只有交换。诸如此类，这是一种爱无能，失去爱的能力，爱的价值被其他的价值所取代，这肯定是跟她成长的环境有关的。

爱的教育其实是一种技巧，是理性和感性相结合的，说起来容易做起来有时候不到位。经常出现的溺爱行为，会导致许多不良后果，溺爱不是爱。

TRAINING MANUAL FOR CHILDREN 06

溺爱是人格杀手

溺爱的本质是什么？就是家长不把孩子当成一个独立的生命来尊重和理解，而是当成自己的一个心爱的宠物。疼爱的时候百依百顺，刻意纵容，让孩子对生活失去了自己的理解，以为生活就是恣意妄为。溺爱的一种后果就是让孩子没有独立的人格，不能承受任何一种压力。

Part1
溺爱让孩子没有独立人格

你对孩子有溺爱倾向吗?

一个小男孩，七八岁了，上小学二年级。有一天放学回家想吃香蕉，吵着让正在厨房里煮饭的奶奶为他拿香蕉并剥皮，老人家正忙得脱不开身，就说你自己拿吧。这时小男孩就大吵大叫，自己动手剥皮吃香蕉后故意将皮丢了一地，还感到很委屈……

这是一个典型的娇惯溺爱的例子。吃香蕉自己拿自己剥皮，对于一个七八岁的孩子来说并不难，为什么却要别人代劳呢？吃香蕉剥皮的责任是谁的呢？可见这家人在教育孩子方面没有重视培养孩子的责任感。

溺爱会有什么后果呢?

这是一个心理治疗例子。“妈妈，让我安乐死吧！”晚上，巴南区18岁的高中生小伟给母亲发去短信。小伟和蒙蒙是某重点中学高二学生，两人均成绩优异。小伟性格内向，与蒙蒙交往不久，即遭到老师、双方家长极力反对。可两个孩子半年后竟开始同居，成绩一落千丈。因闹别扭，今年元旦蒙蒙向小伟提出分手。小伟深受打击，大年三十晚上，小伟在奶奶家吃完团圆饭，独自提前回家。他给同学打完最后一个电话，在卧室割腕自杀。感觉不对的同学及时赶到，将小伟送到医院。小伟在给母亲的遗书上说："半月来，我每到晚上就一个人躲着哭泣……没有她的世界，我活不下去……"两周后，小伟再次割腕自杀。为留住儿子的性命，王女士上门哀求蒙蒙和她母亲帮忙。王女士拿出一封蒙蒙写给小伟的信，信中用很大篇幅记录的竟是两个孩子因为一个昵称而吵架的事。

这是溺爱的后果，让孩子没有独立的人格，不能承受任何一种压力。

其实，如果我们按照之前讲的，从小让孩子分担责任，就不会有溺爱存在。而事实上，在中国，隔代教育如此普遍，或者年轻的父母根本没有这个意识，加上中国传统的文化影响，溺爱之风无所不在。

Part2
溺爱的本质是把孩子当宠物

溺爱的本质是什么？就是父母不把孩子当成一个独立的生命来尊重和理解，而是当成自己的一个心爱的宠物。疼爱的时候百依百顺，刻意纵容，让孩子对生活失去了自己的理解，以为生活就是恣意妄为。一般来说，溺爱的父母并不明白孩子在生活中是什么样的位置，以为是神，是心肝，是自己能付出所有的那个人。父母化解了孩子生活中所有的压力，孩子感受不到压力，那么他自己就想制造一种"假想的压力"。比如说，有的孩子肚子饿了，故意不吃饭，父母就追着他，到处求他吃，他获得一种"变态的快乐"，这是他故意制造的生活压力。溺爱的孩子一般脾气比较怪，会用匪夷所思的做法来刁难别人，小霸王、

……让孩子珍惜爸爸妈妈买给自己的物品，明白生活的责任和压力所在。

小怪物、小人精，无所顾忌，什么事都能干得出来。曾经有一个 18 岁的孩子因为跟妈妈发生口角，拿刀子把妈妈捅了，妈妈这才知道溺爱的后果。

很多孩子在爷爷奶奶的溺爱下长大，到父母身边的时候，父母一定要把孩子受溺爱的心态改正过来。最有效的办法就是把责任还给孩子，把压力交给孩子处理。比如说孩子看上一个玩具，父母千万不要因为有钱就随手买下，你必须让他明白几件事：第一，买下这个玩具，相当于妈妈要上几天班的工资；第二，为什么要买给你？孩子必须拿出一定的理由，哪怕是一个口头的承诺。这样的话，他不但会珍惜这个东西，而且明白生活的责任和压力所在。溺爱的孩子很容易用撒泼来要挟，这需要父母有一定的勇气和耐心来纠正。一味的答应不是爱，而是扼杀他人格的凶手。爱是需要智慧的，需要谋略的，需要勇气的，甚至需要孩子承受一些委屈和磨难。

如果现在你的孩子已经是一个在溺爱下长大的小霸王，你和他的斗智斗勇就开始了，目的是要他学会承担责任，这就是爱，可能会有一些痛。如果你的孩子刚刚出生，一定要记住，不要溺爱，溺爱不是爱。

07 TRAINING MANUAL FOR CHILDREN

打能够解决的问题，不打肯定也能解决

教育最重要的是必须了解人性的需求，结合社会实际，然后融会贯通，得出最佳方式。认为打孩子合理的家长，肯定都是受“父为子纲”的潜意识影响。家长制的余毒必须戒除，因为它是最落后最野蛮的方式，是不人道的方式，甚至是犯罪的方式，要坚决反对。

Part1
打孩子是最落后的教育方式

谈到打孩子，这可能是中国父母比较普遍的一个现象，不管轻打重打，父母都会来一两手。既然是国情，那么就有得说。有人谈到打孩子属于东方式，又谈到西方式教育，还有韩国日本式的教育，概念挺多。我们就从这儿阐发开去，权算一家之言，参考之便，把概念消灭了。教育最忌概念化，鄙人最痛恨把概念输送给家长的教育书，把家长变成一个学者型家长，什么心理学、教育学知识一大堆，等到真正实践，歇菜。

打孩子算不算一种教育方式？我的答案是否定的，而且坚决反对。第一，我的主题是谈长期的教育，培养一个人格健全的孩子。打孩子能打出健全的人格么？绝对不会。这要算是教育方式，那偷鸡摸狗、杀人放火都可以算能力培养了。第二，打孩子是非正常手段，非正常手段并非我们要提倡的方式和方法，要坚决摒弃。

我们分析一下父母为什么打孩子。第一，父母说，嘿，我打孩子很有效果呀。孩子哭了闹了，提些不合理的要求，你采取暴力手段，使之害怕，以暴制暴，镇压住了。但是你设身处地想一想，这种短期效应，与跟孩子形成对立关系，乃至在他心里留下的恐惧等后果相比，显然是捡了芝麻丢了西瓜。如果你经常这样，那么，他对你的屈服总有一天会爆发出来，在屈服中形成的压抑会导致畸形心态，并且将来他面对弱者的时候，也会采用暴力方式，你很有可能给社会培养了一个“暴徒”。

中学时我有一个同学，很“阴”，你也不知道他心里在想什么。但是我知道他父母打他的时候，他不吭声，默默忍受。我们都很害怕他，因为你不知道他心里对父母、对同学、对社会是什么态度。很多年后我跟他没联系了，也不知道他过得如何，有没有把原来的压抑从成长中消解掉。但显然，他的少年时期是如何不幸福，以及与家庭的冷酷关系令我记忆犹新。我们中间每个被家长打过的人，事后恐怕留下的都不是美好的回忆，虽然说打的过程中也许纠正了某些错误，但是如果采用平和的办法来解决，肯定是美好的回忆。

有的父母说，孩子这么倔，不打实在没办法。也就是说，孩子已经顽劣到非打不可的地步了。这里父母需要反省一下，孩子到了这一步，肯定是之前教育不力的后果，也许这时候打都没有用。这个时候，更需要长期坚持教育，不是打一次就能解决所有的问题。总之，发展到非打不可的地步，问题比较大了，从长计议吧。

客观地说，经常以打来解决问题的父母，第一，不太动脑子，简单粗暴；第二，文化程度相对低，教育方式野蛮，父母自己要反省。如果你动一动脑子再教育孩子，绝不至于发展到要打的阶段。现在想来，我身边确实有一些打孩子的父母，其实跟孩子的关系从来就没到打的份上。总之，打能够解决的问题，不打肯定也能解决。

Part2
暴力教育后患无穷

那么，有人又扯到传统文化上，认为打是中国传统教育方式，西方是放羊式的，把二者对立起来。实际上谈这个对立概念根本没有意义。教育是对人性的锻造，不是拿别人的模板来拷贝。各国有各国的国情，教育的重点不一样，但好的教育，归根到底道理都是一样的，都是将人性与社会理性完美结合。

比如说日本人，从小特别注意培养孩子保护自然资源的意识，小孩子绝不会去砍树，那跟砍头一样严重的，为什么？日本弹丸之地，自然资源太缺乏，保护好老家是立国之本。这个当然也适用于我国，但是我们以前都说地大物博，没人去强调这个。现在破坏太厉害了，大家才来强调环保概念。

还有美国，从小教育孩子诚实很重要，为什么？在他们的法律制度里，连克林顿说假话妨碍司法公正，也是犯法。我们老辈人觉得孩子太诚实会吃亏，不太强调这个，所以咱们中国人敢忽悠。但是现在社会进入诚信体系，你信用卡透支，贷款不还，信用投机，都会进入你的信用档案，信用成为你在社会上立足的依据，偷奸耍滑那一套没用，因此诚实观教育也是中国父母所要正视的。教育确实是跟社会连成一体的东西，现在我们的社会和以前差别很大了，很多价值观在重新建立，我们正在吸收世界先进的教育观，正视人性。所以不必强调西方东方，必须把这些概念打碎，落后的需要改造，有用的成分都可以吸纳。

其实说到打是中国传统教育，这有误差，或者说是一种表面现象。

中国传统教育的“精髓”实际上是对家长制的绝对服从，“子不教，父之过”和“君为臣纲，父为子纲”，是制度，是纪律，是根源。儿子只能听老子的，不能说不，说不就不孝不忠了，犯大忌了。这种教育不合理的地方，就是老子完全把儿子当成自己的附属，一个必须完全听从于他的工具，没有尊重儿子的人性。儿子不听话，可以体罚，打儿子不犯法。这要是在西方可不得了，社会机构知道你打孩子，可以收回你的抚养权，可以告你，不但社会可以告你，孩子也可以告你。大家看过电影《刮痧》就知道，人家把中医刮痧当成虐待，到时候你连探视孩子都很难。为什么？因为他们的社会里，孩子一出生就是个活生生的公民，打孩子，跟你打街上的人一样，都是要受到惩罚的。这个不能不跟人家看齐。

现在中国父母调整了这个观念，儿子其实可以说不的，老子要尊重儿子的人性需求。比如说现在孩子上网、早恋，按照封建传统那一套来说，禁止！不禁止可以打你，打到你不敢为止。实际上是禁止不了的，现在教育里必须承认孩子的这些需求和权利，然后再具体沟通，否则必定是失败的对立关系。

教育是涉及心理学、社会学等人文学科的系统工程，最重要的是必须了解人性的需求，结合社会实际，然后融会贯通，得出最佳方式。认为打孩子合理的家长，肯定都是受“父为子纲”的潜意识影响。这个家长制的余毒必须戒除，因为它是最落后最野蛮的方式，是不人道的方式，甚至是犯罪的方式，要坚决反对。所以家长光了解一些专业知识而没有实践和悟性是行不通的。对家长来说，这个过程是个学习和消化的过程，消化得很好的情况下，才能针对实际想出自己的办法。

以打为手段教育出来的孩子，性格有多扭曲？权举两例。

小锦是初中生，瘦小，成绩中下，性格内向，不说话，少见笑容。平时是同学嘲笑的对象，对于同学的玩笑话或者嘲讽，他大多捂在心里敢怒不敢言，忍辱偷生的样子。但是端午节和同学去看赛龙舟，却出手将一个平时欺负他的同学推下河去，令人大吃一惊。事后调查小锦的成长环境，原来他一直在父亲的臭骂和拳打下成长，对外界充满恐惧；另一方面，他觉得能够解决问题的手段，也只有暴力手段。所以他根本不会把心里的苦恼跟任何人诉说，只有在自己觉得可以实施暴力手段的时候，才能倾泻屈辱和苦闷。在他的世界里，打得过别人成为一个目标和解决所有问题的方法。

另一个例子，现在已经为人父的二宝小时候就是在妈妈的暴力教育下长大的，妈妈总是习惯性地扯住他的耳朵，另一只手打他屁股，惩罚他所有不听话的行为。确实，二宝在这种环境下，也终于从乡村考上大学，考上大学时他庆幸脱离了妈妈。大学毕业以后，他所有的事几乎都是和妈妈对着干。找的女朋友妈妈不同意，他就偷偷与女友同居，最终奉子成婚，母子俩几年不说话，现在几乎没有联系。二宝说，我看到别人孝敬母亲，我也想，只是见了面或者生活在一起，就有一种敌对的气场，更有深深的隔阂，一说话意见就相左，没有办法相处。

二宝算是棍棒教育下最有出息的性格还算健全的一个孩子，但是母子的关系却被活生生地扭曲，这应该算是人生一种莫大的损失。

08 TRAINING MANUAL FOR CHILDREN

挫折教育：把适当的压力交给孩子

挫折教育就是你把适当的压力还给孩子，让他自己来处理，让他适应人生阶段性的挫败，并从挫败中找到解决的办法。孩子面对压力，可以给他疏导，但决不能大包大揽，让孩子觉得压力与他无关。

Part1

缺少挫折教育的孩子经不起打击

挫折教育会被很多人忽略。其实，缺少挫折教育，才是很多孩子出现问题的本质原因。那么一个人缺少挫折教育，会有什么样的不良后果呢？先看一则当下的新闻事件。

现年 16 岁的印度美少女辛吉妮·塞古塔平素喜欢歌舞，也曾演过电影。然而她在参加一次电视歌舞比赛时，意外发生了。当辛吉妮自鸣得意地表演完毕时,主席台上的一名“毒舌评委”毫不客气地批评道：“你今天的表演没精打采，很差劲！”羞愤难当的辛吉妮遭到当头一棒，只见她瞠目结舌地呆立在那里，接着白眼一翻当场昏倒在地。辛吉妮在入院观察了两天后，由家人带回家中继续休养。岂料几天后，辛吉妮的情况突然急转直下，她先是失去了语言能力，接着连四肢也无法动弹，并且她仿佛得了失忆症——不仅对自己曾经出演过的电影毫无印象，甚至连家人都回忆不起来。

辛吉妮的意外病倒，让父亲迪利普·塞古塔十分自责。他说：“我想对所有的父母亲说，不要给你们的孩子施加过多的压力。这样的淘汰比赛实在太残忍，我为我犯下的错误追悔莫及。”

这个例子中，辛吉妮的父亲没有对自己的教育方法进行检讨，认为这种结果是外界给孩子压力过大导致的，是客观原因造成的。那么主观方面呢？当然是少女自身的原因，简单地说，就是她缺少抗打击的能力，心理非常脆弱，在突然的打击下，很容易就崩溃。

上面这个例子相对极端一点，那么再说一个身边的例子。有一个女孩子，由于父母是老师，她在小学和中学时都受到种种庇护。上了大学以后，开始独立生活，一天由于私自用了舍友的洗发水，被舍友视为小偷而遭到排斥，她最终在这种生活下得了抑郁症，不得不退学。这种情况其实很普遍，现在很多高校里出现的学生跳楼、学生自残等事情，就是当事人没有对待挫折的心理承受力，从而导致心理失控。辛吉妮不幸的根源就是在她的成长环境中，什么事都由父母担当，自己没有处理过压力，一旦碰到需要自己解决的问题，就慌了手脚，溃不成军了。

由此可见，缺少挫折教育，孩子的心理防线特别脆弱，经不起打击；而且在处理压力时极为无能，一旦无人帮助，闷在心里，就疯掉了。

Part2

把适当的压力交给孩子

那么，怎么才能看出你的孩子有没有这方面的缺陷呢？日常生活中体现在哪里呢？

有一个现象我们可以观察一下，在我们同学中，那些成绩中下的，进入社会之后，往往抗打击能力很强，不怕失败，因为他就是在适当的压力下长大的。往往品学兼优的学生，一进入社会，如果环境不如意，倒是容易失落和消沉。以我本人为例，我读中学的时候是个优等生，自然有心理优势，进入大学后成绩只处于班上中等，有一阵子心里难受，怀疑自己，过了一两个学期才找到合适的定位。这说明了什么？说明了长期在赞扬和肯定的环境里成长，难免有孤傲的心理作怪，一旦遭遇现实打击，一个跟头摔下来，可能就会摔得很惨。

同样道理，现在我们的孩子，一般都有两代人在宠爱。特别是一些父母，或者爷爷奶奶，特别爱炫耀孩子，一点点小成绩就夸上了天，甚至把一些缺点也都夸成优点。比如说有的奶奶喜欢这么说："我们家孩子在外面从来不受人欺负，只有他敢惹别人，别人哪敢惹他。"这样的炫耀最容易助长孩子目中无人的骄横心理，以及唯我独秀的孤傲心理，这两种心理都会使孩子处于一个空中楼阁之上，一旦没有父母的保护，马上摔下来。

通过以上的分析，结合你孩子的性格特点，你大概就能知道你的孩子需不需要接受挫折教育。最简单的是看孩子对待别人批评的态度。如果能接受批评，总结教训再来努力，这是最好的，而各种抵制批评、逃避批评、害怕批评的心理都需要接受挫折教育。

挫折教育就是你把适当的压力还给孩子，让他自己来处理，让他适应人生阶段性的挫败，并从挫败中找到解决的办法。比如孩子去参加一个画画比赛，没选上，这时候你必须抱着客观的态度来分析，一方面指出他的不足，一方面给予肯定和鼓励。一般家长会有两种错误的处理态度，第一种，我们家孩子其实画得挺好的，评委不公平，或者其他孩子走后门，名额让别人抢了。自己把孩子夸成一朵花，这是在助长孩子的孤傲心理。第二种，老是强调孩子的不足，别人怎么怎

……参加比赛落选了，指出不足再鼓励，有点挫折是好事。

么好，这样会让孩子没有信心没有主见。

由此可见，孩子面对压力，可以给他疏导，但决不能大包大揽，让孩子觉得压力与他无关。包括前面所说的责任感的教育和判断力的教育，都与挫折教育密切相关。从辛吉妮的例子来看，家长对孩子的赏识教育肯定过头了，让孩子觉得自己是世界上最好的，无往不胜的，无法承受批评和失败。这些活生生的例子必须引起家长的关注。一句话，不能接受批评、不能承受压力的孩子，将来十有八九要出问题。

09 TRAINING MANUAL FOR CHILDREN

家长的五个妙计赐给孩子好成绩

想让孩子成绩好，实质上就是要学习能力强，学习能力包括学习兴趣、专注力、记忆力、理解能力和应用能力。培养和保持孩子认知事物的好奇心；培养孩子的钻研精神，延长孩子对某一事物的专注时间；有意识地引导孩子记忆所见所闻；有意识地多问孩子“为什么”，让孩子动脑筋去探索；把生活中的事物作为道具，教孩子学以致用。这五个方面是孩子取得好成绩的法宝。

Part1

孩子成绩好的秘诀

到了上学的年龄，父母总是希望儿女当个成绩好的学生，至少不希望是个差等生，成为班级或者年级的拖油瓶。

客观来说，我不赞成父母苛求孩子在成绩上总要拔尖，过分以成绩为指标。但确实，成绩中等以上的孩子总是让父母少操不少心，在兴趣培养上会更加自如。对于很多父母来说，在学龄前很难知道孩子将来成绩如何，一进入学校后，有的是拔尖生，有的是老不及格的学生，不论是好是差，父母自己很困惑，为什么自己孩子会这样呢？是遗传吗？是天生注定吗？是由自己所处的社会阶层决定的吗？一团糊涂。

在我对中学教师进行的调查中，大多数人认为，父母是公务员、医生、教师等职业者，孩子的成绩、修养、学习习惯等各方面都比较好；父母是生意人、在外务工人员等职业者，孩子比较顽劣，成绩差些。这样看来，父母职业决定了孩子的成绩？答案当然是否定的，父母的职业只能证明一种表面现象。而实质也非常简单，就是说从事前者这些工作的父母在孩子的教育上比较用心，自身的素养也比较高一些；而父母如果是生意人或者务工人员，一来很少有时间亲自教育孩子，二来自己的文化素质相对差些，难以形成有效的家教。追根到底，还是家庭教育在很大程度上决定了成绩优劣。明白了这个道理，我们

……树刚种下，花点精力呵护别长歪了，以后就不用太操心，它会笔直往上蹿。

就可以撇开职业论，得出这样的结论：如果家长有一定的时间和精力来教育孩子，又能掌握一定的方法，那么家长无论是什么职业，都有可能把孩子培养成品学兼优的学生。

可以说，你是否在孩子2岁到6岁之间开始学前习惯培养，大体能决定孩子今后成绩的好坏。你在孩子学前多花费一些精力，培养一些好习惯，孩子在上学之后，就可以让你比别的家长少花很多精力。譬如种树，刚刚种下，你花点精力，呵护着别长歪了，以后就不用怎么操心，笔直笔直往上蹿；倘若在幼苗时长歪了，以后必须花成倍的精力来纠正，甚至一辈子就耗在这儿了。

想让孩子成绩好，实质上就是要学习能力强，那么，首先我们要了解学习能力的本质是什么。学习能力包括学习兴趣、专注力、记忆力、理解能力和应用能力这五个方面。这些能力得到适当的培养，想当一个成绩中上的学生，是比较容易的。因为让孩子成绩中上，并不需要特别的秉赋，正常孩子的智商基本能达到。

而培养这五个方面的能力，我们完全可以寓教于乐，在孩子2岁到6岁时，在日常生活和游戏中培养。

Part2

妙计一：学习兴趣的培养

任何事情，没有一定的兴趣，学起来就很难受；有兴趣，多么辛苦，也有干劲，所以我把兴趣培养放在第一位。我见过太多成绩一般的孩子，因为他们把学习当成负担，极端排斥，应付了事，逃课，不去上学，这样就谈不上其他方面能力的培养了。我调查过一个孩子，家长把他撵到课堂上，他等家长一走就逃出来，对学校和课堂非常排斥。我问他为什么，他说他听不懂老师所讲的，觉得跟坐监狱一样无聊难受。但是他在打麻将、玩游戏等方面却是高手，能力超常。他的家庭条件在农村中相对优越，经常有亲朋好友聚在家里打麻将，他很小就学会打麻将和各种赌术，而学习和做作业在家庭中是很陌生的一项活动。

这个例子说明了什么？由于环境影响，家长把他的兴趣和智商吸引到麻将等活动上，学习成了特别陌生的一个领域。相反，如果家长有意识把他的兴趣转移到学习上，把麻将和学习倒个个儿，那么他有可能在学习上超常，在麻将上很陌生。

因此，我们要给孩子创造良好的学习环境，然后才能培养孩子学习的兴趣。家长有打麻将等娱乐活动，如果家里有孩子，最好不要弄到家里来打，这样可以避免孩子把兴趣转移到不该到达的领域。

如何培养兴趣？所谓的兴趣，其实就是一种好奇心。也就是要培养和保持孩子认知事物的好奇心，乃至追究的习惯。从两岁开始，孩子已经对外面事物感到很好奇，一方面，父母要带他认识事物，在玩乐中引导他认识事物的名称、颜色、形状。稍微有逻辑思维后，经常跟孩子探讨为什么，了解事物的本质和性能，买本《十万个为什么》，与孩子一起阅读。

孩子会意识到，哦，我来到世界上，是为了认识更多的事物，为了了解更多的为什么。孩子对事物做出了解以后，父母要及时给予肯定和鼓励。比如说带孩子到动物园去玩，可以问孩子大象的鼻子为什

……多问“为什么”，好奇心来了，学什么都快。

么那么长？拿来干什么用？孔雀为什么要开屏？如果孩子不知道，可以引导孩子到书本上寻找答案。通过“为什么”的探讨教育，可以激发孩子的好奇心和了解事物的兴趣。如果一个孩子对任何事物、任何现象都无动于衷，说明父母没有对孩子进行兴趣方面的培养，不论对生活还是对自然，他都是茫然的。到了学习上，他不知道学这些有什么用。总之，学习的第一个目的，是为了满足自己的好奇心，家长一定要让孩子充满好奇心。

这一点很容易做到，父母平时可以以无知的身份向孩子讨教，跟他一起寻找答案，并及时给予肯定和鼓励，逐渐形成习惯。对父母来说，举手之劳，对孩子来说，受益终生。

孩子天生对外界事物是有好奇心的，两周岁以后的孩子就会问“这是什么、那是什么”。在长大的过程中，他们往往会被越来越多的活动和兴趣所吸引，如果没有引导，他们的好奇心将慢慢消失，觉得事物原本如此，不必追究。因此，父母要在每天的生活中，花点时间引导和保持孩子的好奇心，也就是保持孩子学习的能力。

Part3

妙计二：专注力的培养

严格来说，专注力并不属于学习能力的范畴，但确实是保证学习好的前提。之所以我将它提到如此重要的位置，是因为有很多成绩不好的孩子，并非智力缺陷，而是不能够形成专注的习惯。上课开小差，做小动作，在家里没有一刻安心地进行任何一项活动，这个动一下，那个掰一下，两三岁的孩子，像个猴子一样忙个不停，这是正常的现象。但是上小学了还是如此，大概就是专注力不够的表现。

专注力不够，将来在学习上不能集中精力，不能有效掌握知识点，在工作上不能深入一个课题。想想，如果比尔·盖茨没有专注力，能够有微软系统吗？虽然他为了创业而从大学退学。想想一个画家没有专注力，能花几个月时间完成一幅画吗？不论是从事艺术还是科技，专注力永远是发掘纵深能力的前提。回到学习上来，虽然我们不要求孩子跟大象一样，对任何事物都稳重专注，但是必须让他在自己感兴趣的科目上专心听讲，不专心的学生，会白白浪费自己在其他方面的能力。

在上小学之前，专注力也可以进行培养。孩子两三岁的时候，已经对很多事物发生兴趣，对很多玩法感到新鲜。你给他一个汽车玩具，他对机械操作还不怎么懂，而是去掰汽车的各种零件，能掰下来的都掰下来，直到把汽车玩儿残了，再也掰不下来了，才感到索然无味。可以看出，这时候孩子的兴趣是动手去改变手上的事物，当这个玩具再也不能改变后，他就没兴趣了。

要培养孩子的专注力，就是要尽量延长孩子对某一事物的专注时间，培养孩子的钻研精神，这需要家长辅助，去发现各种东西的魅力。生活中任何东西都可以作为玩具来玩，包括路边的一个石子，都有很多种玩法。我的孩子两岁的时候，学会从我口袋里掏东西，有一次掏出一个硬币来，他扔在地上，结果硬币滚动了很长时间，在远远的地方停了下来。他兴奋地跑过去，拿起来又扔，于是我就跟他一起玩滚硬币、追硬币的游戏。他玩几下就厌倦了，我想延长他玩这个游戏的时间，我把硬币滚到草丛里，叫他一起来找，他找到了以后非常高兴，他又自己滚，这样可以让他认识到扔硬币也是一种能玩得尽兴的游戏。

更大一些的孩子，已经能够与你有效交流，共同完成一些活动了。比如说带孩子到沙滩上玩，这是一个培养孩子专注力的好场所。你尽量不要让孩子没有目的性地玩，你可以跟他一起玩沙雕，修建城堡，给孩子分配一定的任务。这个过程一久，孩子有可能会觉得枯燥。你可以说中场休息，到海水里玩一下，下半场再开始，把沙雕工作完成，最后大功告成，与孩子一起欣赏沙雕的妙处。

为什么这样能培养孩子专注力呢？因为孩子要有专注力，一是要有兴趣，所以在他感兴趣的活动上可以培养专注力。其次要有目的性，活动之前要跟孩子沟通完成活动的目的、重要性，他心里知道要达到怎样的效果，然后才能坚持完成。完成之后，家长要给予赞赏，让他体会到完成的快乐。

现在公园里有让孩子完成彩绘图案和彩绘雕塑的项目，这也是培养孩子专注力的好项目。因为完成这些项目所需的时间较长，手工比较细腻，需要长时间专注，不受周围环境的影响才能完成。

有些孩子，连玩儿都是三心二意的，对任何事情都浅尝辄止，可想而知，将来在课堂上怎么坐得住。如果发现孩子这个缺点，就必须矫正专注力了。尽量避免孩子碰一下这个，又转移注意力碰一下那个，结果哪个东西也没玩成。有些孩子拥有很多玩具，结果他习以为常，对哪个玩具都没兴趣。

所以我不建议家长给孩子买很多玩具，孩子一开口，有求必应，

……尽量延长孩子对某一事物的兴趣和钻研时间，可以培养专注力。

这不是满足他的兴趣，而是扼杀他的兴趣。什么玩具都唾手可得，那还有什么意思呢？给孩子买个玩具，家长并没有完成任务，还要帮助孩子挖掘这个玩具的魅力，有多少种玩法，有多少种乐趣，在这个过程中充分培养孩子的专注能力。家长只要有心，培养孩子专注力无不成功，其要诀就是延长孩子对每一项活动的时间和兴趣，抵抗周围环境的干扰。

Part4

妙计三：记忆力的培养

记忆力是学习的一个关键因素，记忆力强的学生学习上要轻松得多。记忆力并非天生怎样就怎样，而是一种可以培养的能力。它当然还与专注力和兴趣有很大关系，培养前面的两点，对培养记忆力亦有帮助。

如何在日常生活中培养孩子的记忆力？其实很简单。我测试过一个 4 岁的孩子和一个 2 岁的孩子。我们一起到公园玩，告诉两个孩子这棵树叫榕树。过了一会儿再问，结果 4 岁的孩子回答不出来，2 岁的孩子却回答出来了，这是因为 2 岁孩子的家长平时有要他记东西的习惯。跟 4 岁的孩子再讲一遍后，他也记住了。但回家后再问，又忘记了，再提醒他几次，最后终于牢牢记住。对 4 岁的孩子而言，要抓紧培养记忆力了。

培养记忆力最简单的方法就是经常问孩子昨天看到什么，昨天去公园玩看到什么，昨天去姑姑家吃了什么，等等。当然，记忆力还包含着对事物的观察能力，继而可以问那个东西是什么颜色，什么形状，有什么特点，好吃不好吃等。对事物特征的观察力与记忆力是匹配的。

看书认图也是一个培养记忆力的方法。可以让孩子辨识各种水果图、鸟类图、动物图，认识图片后再带他辨识实物，这样立体地加强孩子对事物特征的归纳和记忆。其实，记忆力是日常生活中最好培养的能力。

一般的家长，都会在孩子能识物时教他辨识记忆事物，两三岁时记忆力很好，但稍微长大了，反而记不住东西了，其原因在于家长没有坚持培养孩子记忆力。孩子生活范围越大，见到的事物越多，转移注意力的现象就越多，父母缺少有意识地引导孩子记忆所见所闻，他的记忆功能就懒惰了。而家长却不知道，只因为你没有完成举手之劳的记忆力培养，将来有可能让你的孩子在学习上“变笨”，比别的孩子要付出更多的艰辛和努力。

Part5

妙计四：理解能力的培养

理解能力首先是对事物的了解能力，包括对事物的特征、成因、来龙去脉等一系列的了解。在老师的教学中，老师讲解的其实都是对知识的理解，这是教学的核心组成部分。理解力在心理学上是一种理性认知能力，对事物充分理解后，形成判断、推理等能力，是儿童思维向高水平发展的标志。可以说，理解能力强弱是儿童学习好坏的重要标准，用俗话说，就是老师的课能不能听懂。一些孩子在学校里混日子，学习一团糟，就是因为理解力太差，老师对牛弹琴，学生只能苦熬到下课。理解力跟不上，更别谈成绩。

理解力是在经验水平和智力水平的基础上培养和发展起来的。记住，是培养和发展起来的。也就是说，即便孩子智商很高，如果没有专门训练，理解力也可能很低，像一座没有被开发的矿藏。因此，学龄前的理解力训练,决定孩子上学以后对所学知识的理解能力。在家里，父母要利用各种时机有意识地对孩子提出一些“为什么”，让孩子动脑筋去探索，养成从思考到理解、判断和推理的良好习惯。

这些训练，完全可以凭借大人的经验来进行。比如看见一辆汽车，可以问孩子汽车为什么会跑？因为有轮子。轮子为什么会动？因为司机开了发动机。更具体的理由，当然不必追究，孩子以后知识量增加后自然会理解。比如问鸟为什么会飞？因为鸟儿有翅膀。那么好奇的孩子就会继续问：是不是人做一对翅膀也会飞呢？可以让孩子思考、存疑、搜索答案或者实践。父母在与孩子共同探讨问题时，根据自己的能力，可以是一个老师，可以是一个探讨者，也可以是一个无知者，目的是激发孩子的理解能力。

理解力的提高使孩子对世界更加好奇，孩子的世界也更加丰富多彩，这样就可以适时吸引他把兴趣集中到学习上来。因此，培养理解力与培养学习兴趣相辅相成，甚至可以是同一回事：越理解，越好奇，越有兴趣。

在生活点滴中培养学龄前孩子的理解力，孩子的学习便会有一个很好的基础，以此作为挖掘和开发智商的平台。正式入学后，孩子的理解力在各种学科中得到体现，这时候如果发现孩子对某个学科理解力迟钝，便可以对症下药，找到理解的方法。比如说语文上的理解力，针对一个词语的意义，一个句子的内涵，一段课文的多重含义，这属于感性的理解能力，靠孩子的悟性。比如说数学上的解题，属于逻辑上的理解力，需要父母在逻辑方法上多指导。但是，在学龄前训练过理解力的孩子，只要在方法上得到一定的指导，理解力的优势一定能在学习中显现出来。

Part6

妙计五：应用能力的培养

对知识的应用，是学习的最终目的。理论的应用能力贯彻在考试中，实际应用能力贯彻在人的一生中，所谓学以致用。应用能力的培养，在孩子的幼小阶段也可以贯穿在日常生活中。

最重要的做法就是让孩子自己动手处理生活中遇到的问题，在这些问题中，包含着他所学到的知识点，这就是应用能力的锻炼了。比如说，果盘里有 5 个苹果，让他分给爸爸、妈妈和自己各 1 个，然后问他还有几个，这就是数学的应用能力。再比如说，小孩子会识数的情况下，一起去买东西，可以叫他帮助计算应付多少钱。总之，孩子能动手做的事情，或者能够锻炼孩子应用能力的事情，就尽量让孩子去完成。

……给孩子应用知识的机会，生活中到处是能力应用题。

进入小学之后，应用题是孩子学习的一个重点，这是对孩子实践经验不足的一种补充。家长在辅导孩子的过程中，要注意充分利用生活实际与实物场景，帮助孩子克服难点，诱发学习兴趣。许多孩子不会做应用题，并非里面的数字换算不懂，而是不理解应用题中的实践部分。比如“把1根绳子对折后从中间剪开，问可以剪成几段”这样的题目，有的孩子不会回答，但是如果演示一下，他马上知道答案了，这说明平时生活实践比较少。家长应当在这一方面对孩子加以培养，生活中的任何事物都可以成为道具，让孩子从小就知道学以致用，他的能力一定会脱颖而出。

以上说的五种基本能力，是孩子取得良好学习成绩的五个必要的能力，各个方面都不是孤立的，而是相辅相承。有可能你跟孩子做一个游戏，这五种能力的培养都在里面了，因此所举的例子，都可以使用。家长明白这五种基本能力的重要性，在游戏中就能有的放矢。孩子学习能力比较差，你基本上能看出是缺乏这五种能力的哪个方面，然后加以训练。能力均衡的孩子，在学习上不用太操心，孩子轻松，父母也轻松。当然，这里有个条件，你必须在他小的时候就用心培养，孩子小的时候多花一分精力，以后就会少花十分精力。

10 TRAINING MANUAL FOR CHILDREN

“坏习惯”不一定是坏习惯

很多人在判断孩子习惯好坏的问题上，总是以父母的标准来看，给自己添麻烦的，就是坏习惯，不给自己添麻烦的，就是好习惯。其实未必如此，习惯都有两面性，一面积极的，一面消极的，因此父母要摸清孩子习惯的本性和形成的心理依据，才能对习惯做出判断，然后扬长避短，发挥出积极的一面。

Part1 好习惯都是用心培养出来的

很多父母为什么会突然关注孩子教育的话题？因为自己的孩子出问题了，有很多不良习惯，比如爱哭；比如拧着来；比如一意孤行，爱干啥就干啥，谁也劝不住；比如除了好人好事什么都敢干……这些孩子是传统中认为不乖的类型。还有的孩子太乖，什么都听父母的，没主见。不乖也不行，太乖也不行，搞得父母很头疼，所以赶紧寻医问药。

这个时候，第一，不要紧张。不良习惯是孩子成长中不可避免会出现的，很多孩子都有，不是你一家，你现在关注到了就好。第二，不要着急。别妄想找个法子，一下子就把孩子扭转过来，那不可能，即使可能也不是好办法，好得快的去得也快，教育是长期的事，好习惯要慢慢培养，一定要有耐心。

首先要知道，孩子并不是天生就有好习惯，他往往在不知不觉中形成了在你看来的坏习惯。比如说，婴儿刚出生，可能就会有白天睡觉晚上吵闹的习惯，这个习惯是天生的。你会觉得这孩子这么难带，真是累人。这时候，你就得想办法帮他慢慢地调整过来，白天逗他玩一下，分散他的精力，晚上把奶喂足了，让他好好睡觉，慢慢调整他的生物钟。如果原来一个晚上哭个五六次，慢慢调整到哭个两三次，孩子晚上吵闹的习惯就会渐渐改变。如果你不去调整，由着他，那真的很累。还有，婴儿时期的孩子大小便不规律，有时候隔几分钟就来一次，你换尿布都忙不过来。别以为你家里尿不湿多就由着他，每次换尿布的时候，你都可以“嘘”尿片刻，让他集中把尿尿出来，这样就会减少换尿布的次数。这些是生理上的例子，我举例只是说明，你不要指望孩子天生就有好习惯，但是只要你有心，就可以培养出好习惯。特别是心智上的好习惯，比如说礼貌待人，懂得感恩等，就更需要家长的培养。

孩子的成长就像一艘船，他有自己的马力，开向他自己想去的地方。家长是他的兼职舵手，帮助他调整方向，直到有一天他自己懂得掌握方向，你就可以高枕无忧。这里有很微妙的分寸。第一，他自己有马力，你不需要给他更大的马力，否则他会忽视自己的马力。很多人溺爱孩子，忽略孩子自己的马力，放弃让他在锻炼中成长的机会，一辈子都得家长罩着，那可不成。第二，你只是帮他调整方向，保准他不会往危险区域开，不会撞到死胡同去。孩子的习惯是阶段性的，家长要时刻注意调整。

Part2 习惯都有两面性

很多人在判断孩子习惯好坏的问题上，总是以家长的标准来看待，给自己添麻烦的，就是坏习惯，不给自己添麻烦的，就是好习惯。其

……孩子自己有马力，开向他想去的地方。家长只是兼职舵手，帮助他调整方向。

实未必如此，习惯都有两面性，一面积极的，一面消极的，因此家长要摸清孩子习惯的本性和形成的心理依据，才能对习惯做出判断，然后扬长避短，发挥出积极的一面。这也是我一直强调要调整习惯，而不是硬性去戒掉某个习惯的原因。

我举一个案例来分析。

我的邻居小张向我请教她女儿的问题。她的女儿叫童童，4 岁，性格是比较安静那种，能很专注地做事情，很听话，同事们都很羡慕小张。小张却很担忧，一是女儿太听话，而且胆子太小，事无巨细，连吃一根雪糕，都要爷爷打电话问了小张的意见后才敢吃。平时小张虽然叫她少吃，但也不是很强求，而且童童的爸爸妈妈很少对她发火。小张说长这么大也只打过她两次，童童根本不用打，只要说话声音严厉一些，她眼泪就滚滚而下。“她这么脆弱，都不知道如何是好，而且太听话了，一点主见都没有，好像也不太好。”

另外，童童很受不了批评，在幼儿园里，老师有时候批评她们组的小朋友，她都会深受打击，回家后就可怜兮兮的抱着小张说“妈妈，我不上幼儿园好不好？”或是说“妈妈，你给老师讲，叫她每天都要表扬我”诸如此类的话。有时候感觉她为了让家长喜欢，让老师表扬，太压抑自己的个性，小张平时也从未要求她事事争先，总是告诉她第二名也光荣。小张很焦虑地问我：“其实我只是想让孩子有个快乐幸福的童年，健康快乐的一生。我应该如何引导她呢？”

这个女孩子是乖乖型，好处是听话，容易沟通，比较好教育。需要调整的是，第一，这个孩子的心理承受能力太差，要加强她抗打击的能力。这当然是个长期工作，比如可以多给孩子讲勇敢克服挫折的励志故事，让她模仿；在生活中多鼓励孩子，经常说：孩子，你行的。培养孩子的动手能力，把一些任务分给她，鼓励和帮助她去完成。总之，让她明白挫折是一个必然要经历的过程。我相信如果家长有这个意识，孩子的心理承受能力会渐渐强大起来。第二，她没有主见。培养孩子的主见，也就是培养孩子的判断力。经常向孩子讨教她的世界里的问题，可以培养孩子的判断力。例如，为孩子买衣服的时候，可以把孩子带上，问孩子喜欢什么颜色和款式，让孩子挑选自己喜欢的衣服；去超市的时候，让孩子自己选择爱吃的零食；去饭店吃饭的时候，让孩子点一个自己最爱吃的菜；去游玩的时候，询问孩子最想玩什么，等等。父母经常这样做，孩子的判断力就可以得到很好的锻炼，慢慢就会有主见了。

还有一种孩子爱欺负别人。这里有两面性，第一，说明孩子性格有进攻性，可以把孩子在这方面的强烈欲望引导到适合的兴趣上来。第二，孩子欺负别人，这是不文明的行为，应该从观念上调整。

孩子在每个阶段都会有各种不良习惯，有的特别让家长头疼。这时候需要家长的智慧，一分为二地分析，发挥习惯中积极的一面，消除消极的一面。好习惯要慢慢培养，坏习惯也不可怕，可怕的是家长分不清好在哪里坏在哪里，疏导不了，将来根深蒂固，再想改却为时已晚。

11 TRAINING MANUAL FOR CHILDREN

面对孩子，教育者切忌思想不统一

一个家庭里，主要教育者对孩子的教育理念和方法应该统一，否则孩子不知道到底该听谁的。最好在家里开个讨论会，针对孩子教育中出现的问题，想出大家都认可的教育方法。父母也可以跟有孩子的同事交流，商量出有效的解决办法。只要教育理念通了，具体方法一合计就出来了。

Part1

孩子是天生的外交家，善于在矛盾的教育观念中钻空子

如果孩子在你面前唯唯诺诺，但是你一转身，他做的是另一套，甚至与你背道而驰，他这种习惯不是天生的，必然有另外的教育者对孩子的影响超过你对他的影响，孩子在敷衍你呢。你才明白，你不是孩子唯一的教育者，你这个自以为是的爸爸（妈妈），孩子把你当猴耍。这里涉及到的问题是，到底有多少人在影响孩子呢？这个问题不搞清楚，也许你永远只能做教育的配角。

中国的国情是，很多孩子一出生，就由姥姥或者奶奶来带，以隔辈教育为主。爸爸妈妈自己忙着上班，下班后还不一定有时间陪孩子。有的想跟孩子玩会儿，但是孩子跟奶奶亲，不爱跟爸爸妈妈玩，那就拉倒,落个轻松。等孩子上幼儿园或者父母觉得要开始教育孩子的时候，说什么他都不听，还养成了一些不好的习惯。

隔辈教育在中国相当主流。从工薪阶层的经济状况来看，没有几个人能在家里当全职父母。隔辈教育当然并非一定不行，老人都爱孩子，爱的教育永远是必要的。但是，奶奶或者姥姥毕竟是老人家，她们会把对儿女的爱（儿女已经长大成人了，爱的表达方式已经改变），加倍倾注到孙辈身上。这种爱里包含溺爱，同时老人家还容易把一些

世故的生存哲学灌输给孙子，教他占便宜，甚至欺负别人，躲避责任等。有的孩子到了爸爸妈妈这里，用奶奶教的一套来对付他们，绰绰有余。爸爸妈妈迷惑了，嘿，这个妖精，没法治了。让人感到措手不及，无可奈何。这里我并非对老一辈有偏见，而是在现实中通过观察发现的。特别是儿子们，自己都不知道老妈把那么多的生存原则教给了孩子。这种现象具体有多少不清楚，但确实存在。

还有很多孩子是由保姆带，那么保姆又带给孩子一些怎样的观念，就更说不清楚了。

有一些孩子，确实是在爸爸妈妈身边长大，但是爸爸妈妈的教育观念不统一。孩子犯错误了，爸爸训斥一顿，教训一番。孩子哭了，妈妈就去哄他，只想着把孩子哄住别哭，"乖乖，别理爸爸，爸爸是个坏蛋，咱们不理他。"你看，爸爸妈妈给孩子的是两种观念，孩子不知道爸爸的做法对还是自己的做法对。

总的来说，家庭教育者（爸爸妈妈、姥爷姥姥、爷爷奶奶、保姆等）的观念不统一是很常见的现象。有的孩子一个阶段由奶奶带，一个阶段由妈妈带；有的孩子是混在一堆人里，白天由奶奶带，晚上由妈妈带。他们都是孩子的言传身教者，但是每个人立场都不一样，就像一群蜜蜂围着孩子嗡嗡叫，什么观念都有，孩子怎么办？甚至同一件事情，有两种不同的态度，孩子要去玩，爸爸不让去，奶奶又同意他去。如此，聪明的孩子肯定会找一种趋利避害的办法，谁宠我，就听谁的，跟谁亲；谁管我，就不搭理他，骗他。孩子逐渐形成这样的处世原则，如果有错误就很难纠正。

……一个唱红脸一个唱白脸问题不大，但观念还是要统一。

Part2

提前沟通，达成教育孩子的共识

要避免这种情况，当然不可能让孩子从小到大归一个人管，这是不现实也是不需要的。孩子可能某些阶段由别人帮忙带，但是，这些教育者基本的思想要相对统一，那就需要沟通。

我现在必须把道理讲深一点，讲透一点，具体方法读者可以举一反三，目的都是遵循一个原则：先让教育者明白根源，自己当个明白人，知道这样做的效果，再去教育孩子，甚至去教育孩子的爷爷奶奶。自己没理解清楚，即使讲一百个例子，可能你一个例子也用不到自己孩子身上。

有一个读者，她把我在网络上讲的这些内容打印下来，给她老公和婆婆看，这也是一个达成教育共识的好方法。家长思想相对统一，教育方向相对一致，才有共同教育的基础。你们不一定要完全同意我的理论，但是根据我的这些理论，你们开个讨论会，针对孩子教育中出现的问题，想出大家都认可的教育方法，这样肯定比大家不沟通要有效得多。读者也可以针对孩子的问题，跟有孩子的同事交流，你们一定能商量出有效的解决办法。只要教育理念通了，具体方法一合计就出来了。

同样，有的孩子由保姆带，你也必须跟保姆沟通，孩子有哪些不良习气，要及早发现，跟保姆一起讨论对策，讲明道理。家长需要受教育，保姆也需要，然后才谈得上怎么教育孩子。

在具体实施的时候，一个唱红脸一个唱白脸问题也不大，但观念还是要统一，还是前面那个例子：爸爸纠正了孩子的错误，孩子哭了，妈妈去哄他，但妈妈可以说，“宝宝别哭，爸爸说的是对的，只要你改正了，爸爸以后就不会这样凶了，其实他跟妈妈一样很疼你的。”父母观念一统一，孩子肯定就明白自己这样做是错的，纠正肯定有效果。

12 TRAINING MANUAL FOR CHILDREN

“饭桌教育”，你不知道却最重要

这里的饭桌是指教育的主要场所，是个比喻。对有的家庭来说，床头可能是最重要的教育场所。我们平时对孩子的教育是有意识的，而这些场合是无意识的。需要强调的是，在这些最容易无意识影响孩子的教育场所，你也最容易暴露你的弱点，并传染给孩子。如果你在饭桌上讲的是正面的、善意的、开朗的话题，相信你的孩子也会拥有健康快乐的心理。

Part1
饭桌是最重要的无意识教育场所

问家长们一个问题，你们觉得在什么地方孩子最容易受到你们的影响？

我给出的答案，是在饭桌上。

如果你觉得一个孩子的言行举止、精神气质乃至价值观像他的父亲或母亲，那么你可以观察他们家庭一天的生活，最终你会发现，最重要的言传身教场所是在饭桌上。

虽然我们提倡吃饭时不要说话，避免一嘴两用，但是吃饭期间，还是会聊一些烦恼或者开心的事。一个三口之家，你会发现这样的情景：吃饭的时候，三个人聚在一起，比如，妈妈可能会抱怨单位里某个同事特别讨厌，老喜欢在领导面前讨好卖乖，言语之间充满了不屑，也许还夹杂着比不过人家的酸溜溜的无奈；爸爸可能会吹嘘自己如何耍了点滑头，在同事中争取到一次半出差半旅游的机会。放心，你们这些牢骚和伎俩，你的孩子很可能全盘接收。

如果碰上朋友或者客人来了，在饭桌上客客气气，客人走了后又掰扯与朋友或者客人的矛盾，说人家的不是。请放心，这阴一套阳一套的东西，你的孩子很快也能继承。

如果你们是三代同堂的家庭，喜欢把婆媳不和的矛盾拿到饭桌上展览，相信我，你的孩子将来肯定也是后宫之战的高手。

我强调负面的例子，是要让父母们警醒：我们在家里，不知不觉地将自己身上猥琐的、恶意的、乖戾的、讨巧油滑的一面教给孩子了，但我们完全无意识。家长们不要不承认自己性格中有这一面，你好好观察自己的言行举止，一天所说的话，一天所做的事，你会发现自己也有很恶心的一面，而我正是强调这种无意识的教育给孩子带来的负面影响。一个很明显的例子：假如你在饭桌上跟你父母总是争吵，谁对谁错对孩子来说是个为难的判断。他也许会认为，生活就是一个计较与斗争的过程，更别提你的那些小心眼儿也可能会传染给他。

Part2

饭桌教育影响孩子人格气质

饭桌教育一般会产生怎样的影响呢？饭桌教育是一个长期的过程，对孩子的心理、习惯、价值观乃至处事方式都可能有影响。如果你看到一个自私的、与同学斤斤计较的学生，你到他家里去拜访一下，很可能这些毛病都是他父母所具有的。俗话说：“龙生龙，凤生凤，老鼠的儿子打地洞。”这个话有一定道理，但道理并不在于我们平时理解的那样，农民的孩子就是农民，知识分子的孩子就是知识分子，黑社会的孩子就是黑社会。不能按照职业去分，现在有多少知识分子都是农民的孩子呀！

我认为更多指的是人格气质的影响。龙凤是大器之物，高瞻远瞩，胸怀远大，在这种气质的培养下，不论孩子将来是扫垃圾的还是开公司的，也有光明正大的气质和良好的生活追求；而老鼠，专干偷偷摸摸的活儿，鼠目寸光，眼中有小利而无大义，这种人格气质，将来即便当官，也差不离是个人人小瞧的混混儿。饭桌教育对孩子人格气质的影响很大。

这里的饭桌是指教育的主要场所，饭桌是个比喻。也许对有的家庭来说，床头可能是最重要的教育场所，比如说跟孩子共处一室，那么睡前的谈话往往对孩子影响很大。我们平时对孩子的教育是有意识的，而在这些场合里是无意识的。需要强调的是，在这些最容易无意识影响孩子的教育场所，你也最容易暴露你的缺点，并传染给孩子。家长一定要警惕，自己已经有这样的性格缺陷了，就别让人家说自己的孩子：这德性跟他爹似的。

我刚才说的基本上是负面的情景。相反，如果你在饭桌上讲的是正面的、善意的、积极向上的话题，相信你的孩子会更容易拥有健康快乐的心态。只要你意识到这一点，在这些场所谈些健康的话题，谈些培养孩子光明气质的话题，而把那些见不得人的夫妻私己话题、生活中的各种矛盾争端移到更加隐秘之处，那么我相信，在教育孩子的问题上，你已经创造了比一般家庭更健康的环境。

13 TRAINING MANUAL FOR CHILDREN

进入孩子的世界，沟通才有可能

作为父母，如果你们平时以家长的姿态面对孩子，只会命令他，他对你没有好感。如果不是血缘关系的话，你们对他来说跟街上的人没什么区别，他才懒得理你们。因为你们根本没有进入他的世界，不是他的朋友，他宁可跟一只他感兴趣的蟑螂说话，也不愿意跟你们聊什么。做父母没那么容易，必须有一定的耐心和细心，才能进入孩子的心灵世界，在那里，你们才有发言权。

Part1
为什么孩子不听话

现在你心里有点底了，我们应该以什么样的观念来教育孩子。但是对很多父母来说，横亘在面前的一道难题是，孩子根本不听你的，你甚至无法跟他沟通交流。你跟他说话，他却当你是空气，纵使你有千般理论，万种柔情，都成空谈。

怎么办？我们得找根源。问题到底出在哪里呢？问题就在于你根本没有进入孩子的世界，他凭什么跟你对话，跟你交流？我们成人生活在一个现实世界里，俗务缠身，忙忙碌碌；而孩子们生活在他们的儿童世界里，那里是他们的乐园。这两个世界没有交集，你干你的，我干我的，谁也不搭理谁。儿童只关心和接受他们世界里的信息，并不理睬成人的世界，你就是他们世界之外的一个人，他怎么能接受一个外面世界的人的教导呢？

曾经有一个六七岁的小朋友来我家玩儿，刚开始我没有办法跟他沟通，因为我的话题包括俗套的对话，他根本不感兴趣。后来我让他看电影《冰河世纪》，起先他还不感兴趣，看了一会儿，他看进去了，对里面的卡通动物大感兴趣。我就陪他一起看，一起笑，跟他讨论里面的精彩之处，这样我们就有了共同话题。看完电影，我们就成了朋友，至少比前面无话可说的情况要好得多。因为我们进入了一个共同的世界，这个世界是他感兴趣的，我们就有了交流的基础，就成了朋友。

对孩子来说，父母除了伦理上的关系，其他的关系都需要培养。作为父母，如果你们平时以家长的姿态面对他，只会命令他，他对你们没有好感。如果不是血缘关系的话，你们对他来说跟街上的人没什么区别，他才懒得理你们。但是，假如说你们有时间回家，陪孩子一起看看动画片，讨论为什么猫会怕老鼠等话题，进入他感兴趣的世界，这时候，你除了是他的爸爸妈妈，还是他的朋友。只有成为他的朋友，他才愿意听你们的话。

答案非常清楚了，孩子不搭理你，是因为你根本没有进入他的世界，不是朋友，他宁可跟一只他感兴趣的蟑螂说话，也不愿意跟你聊什么。做父母没那么容易，必须有一定的耐心和细心，才能进入孩子的心灵世界，在那里，你们才有发言权。

所以，你得反省自己，从孩子会说话能交流的时候起，你有没有把自己变成一个儿童，进入孩子的世界。如果没有，对不起，你是一个不合格的家长，你休想教育好他。有的孩子对爸爸并不感兴趣，只有爸爸当马让他骑的时候他才感兴趣，这时候，爸爸变成一匹马，进入了孩子的游戏世界。记住，你只是马，不是爸爸，他只对马感兴趣。如果你由人变马进入孩子的世界后，却不能与孩子进行交流，你一辈子只能做他的马。

……你和孩子进入一个共同的世界，有了交流的基础，你们成了朋友。

Part2

从孩子的兴趣之门进入他的世界

有些父母不理解，为什么孩子就不听我的呢？越大越不听话，到了青春期叛逆起来，还把父母当仇人，倒是跟街上的小混混玩得挺好。这时候才发现已经晚了，因为从小到大，你根本就没有当过他的朋友，了解过他的兴趣，你只不过空有一个父母的头衔。

那么，从现在开始，你必须去发现，孩子感兴趣的世界在哪里，你要从那里进去。其实儿童的兴趣是很宽泛的，只要你有心，从任何一个方向都可以进去。比如说，如果孩子喜欢吃雪糕，你可以买两根不同的雪糕，一个给孩子吃，一个给自己吃，跟孩子探讨两种雪糕的不同味道，互相交流更喜欢吃哪一种，哪种雪糕味道更好，同学都喜欢吃哪一种，下次应该买哪种尝一尝，等等。这虽然是很小的事，但只要方法得当,你们就会在一个共通的小世界里相遇。多做这样的努力，跟孩子就会有共同语言。当你进入孩子的世界，并成为孩子的朋友后，孩子才会把你当成一个可信赖可交流的人，才会进入你的世界，在意你的看法。直到有一天，你跟孩子说：儿子，你是不是电视看得太多了，应该把功课先做完。这是你关心的层面，孩子把你当成朋友，他也许就会站在你的角度来考虑这个问题，而不是一味抵抗。

我有一个同学，小时候对电视里的科普节目特感兴趣，整天跟他爸爸交流，问东问西的，他爸爸也有心，每次都认真帮他解答，争执不下时还去图书馆查书。他们在交流中形成亦父亦友的关系，非常融洽，爸爸有爸爸的威严，也有朋友的宽容，我想，那是我见过的最融洽的父子关系。

大多数家长看见孩子一个人在玩，就很放心，不管他了。等到孩子犯错误的时候，才去纠正他，别这么干，别那么干，这种方式很粗暴。孩子即便能听，也会觉得你是敌人，不是朋友，这种方法会使沟通很难进行。等到孩子有一定的叛逆性或者自主性的时候，他会非常讨厌你。

为什么很多孩子到了青春期，很反感父母的那一套，觉得父母很老土，把父母当仇人？因为父母从未进入他的童年世界、少年世界和青春世界，父母的观念确实也落后了，只会压抑他的人性，他能不反感吗？

父母进入孩子的世界，除了交流外，也是跟孩子学习和探讨的过程，这样，如果发现了孩子的问题，便能从自己和孩子两个角度去考虑，去建议孩子用适当的方法来解决问题。比如青春期的性冲动问题，父母如果从来不跟孩子谈这个话题，现在孩子又早熟，对这件事情感到新奇，很容易做冲动的事，被家长发现后，二者的冲突不可避免。正确的做法是，父母首先要改变观念，孩子进入青春期后，性的话题是可以交流的，不是应该冲突的问题，这个后面会具体谈到，不在这里详述。总之，父母的功课在前，才是教育的王道，不能一味责怪孩子不听话。

进入孩子的世界，理解孩子的世界，是你先要做的功课。成为他的朋友，成为他愿意对你倾诉的朋友，然后再谈如何影响他的观念。

14 TRAINING MANUAL FOR CHILDREN

“逆反心理”，一个政治不正确的歧视性语汇

逆反心理就像弹簧，你越压制，它的力量就越大。孩子顽劣，跟你反着来，就是长期以来不重视疏导逆反心理导致的。家长不认可孩子的行为，一般会采用呵斥、强行制止的方法，不尊重孩子的自我意识，长此以往，把弹簧压得特别实，积蓄很多的能量，关键时刻一压，孩子就会给你致命一击，史上最顽劣的孩子就炼成了。因此，对孩子身上平日看来是错误的行为，不要一味制止，只要不是危险的行为，允许孩子尝试，让他自讨苦吃后再做分析和疏导。

Part1

孩子正常的逆反是成长的标志

孩子的逆反心理是让父母非常头疼的一个问题，会导致交流无法进行，施教无法展开。带过孩子的妈妈一般都知道，孩子从一岁多还在牙牙学语时就有逆反心理。最普遍的比如说喂饭，你越着急哄他吃，他偏不吃，甚至你知道其实这时候该是他吃饭的时间了，他的肚子也该饿了。还有时候你喂他吃，他不吃，偏要自己拿勺子吃。再比如说你带他出门时，顺手关上门，他不满意，非要把门打开，他自己再关一遍。或者你打开一个包装盒给他取糖果吃，他却大吵大闹，因为他想自己打开包装盒。总之，你越想让他干什么事或者帮着他干什么事，他明白你的意图后就偏不干，跟你反着来，这是幼儿的一种逆反心理。

这种逆反心理随着孩子的成长而加强，到了有一定行动能力的时候，或者背着父母干一些父母不同意的事，或者特别刁蛮顽劣，什么捣蛋的事都干。而且孩子对家长的呵斥已经麻木了，特别不听话，到处惹麻烦，让父母来擦屁股。

我见过一位气急败坏的父亲受不了孩子的捣蛋，把孩子扔进池塘里。这个极端的例子肯定让许多深受其苦的父母深有同感，因为有时候让孩子搞得特别头疼的父母，还真想把孩子扔到池塘里，只不过是在意念中想这么干，还没有付诸行动。

……他明白你的意图后偏不干，跟你反着来，这是他的自我意识在觉醒。

到了青春期，孩子会把逆反心理付诸更多的实践，甚至讨厌父母，觉得父母思想落后，不愿意跟父母交流。在行动上，用早恋、逃课、上网、出走等方式来对抗，这不仅涉及到逆反心理，而且涉及到青春期的诸多问题。

如何让你的孩子不成为逆子，规避以上所列举的极端现象呢？既然想对付逆反心理，我们就必须理解逆反心理的本质是什么，才能采取有效的措施。

第一个基本观点一定要记住，逆反心理属于孩子成长中的正常现象，不必把它视为洪水猛兽。也就是说，成长中适当的逆反心理并不是问题，如果孩子对你百依百顺，而没有自己的质疑和判断，反倒有问题。实际上，只有逆反心理超过一定限度，造成严重的后果，你才需要去矫正。

第二点，要理解逆反心理的本质。

就拿吃饭来说，你越逼孩子吃，他越不想吃，你越坚持，他越躲避。种种行为的根子，都是孩子的自我意识在作怪。不到两周岁的孩子，就有自我意识了，不想被你摆布，你越是兴师动众要他干什么，他越是反感。他还不会说话，但是他的行为在告诉你：“别以为你们想让我干嘛就干嘛，我自己也能独当一面。”许多妈妈都有这样的经历，孩子非要自己关门，自己拿勺子吃饭，自己打开包装盒（打不开的时候就会递给你，让你打开，倘若你不经他同意就打开，那就犯了他的大忌了）。在大人看来，这时候的孩子有点自以为是，这表明他的自我意识在觉醒，如果你不承认和解放他的自我意识，那么他就会长期与你斗争下去。

再说吃饭的事。父母不要过分强调，可以漫不经心，父母自己吃，先不给他喂饭，让他饿一会儿，引导他来模仿父母吃饭，让他感觉到吃饭并非是强迫行为，而是大家习以为常的行为。吃饭时你追着孩子喂，越追孩子跑得越欢实，吃顿饭跑个几公里。这种行为日积月累，就会加深他的逆反，使正常的逆反心理发展到病态的逆反心理。当然，在吃饭问题上，说起来容易，实践起来相当困难，但父母如果明白了孩子的心理后，自己心里有数，根据实际情况慢慢调整，是可以减轻或者消除孩子的逆反心理的。

Part2

孩子过度逆反是父母压制的结果

一般说来，中国的父母不太重视孩子的自我意识，往往什么事都大包大揽，用自己的意识覆盖孩子的意识，导致孩子出现逆反心理的现象比较严重。西方的父母有放羊式教育的传统，孩子的成长环境比较宽松，因此两代人的交流会更默契。

逆反心理就像弹簧，你越压制，它的力量就越大。孩子顽劣，跟你反着来，就是长期以来不重视疏导逆反心理导致的。父母不认可孩子的行为，一般会采用呵斥、强行制止的方法，不尊重孩子的自我意识，长此以往，把弹簧压得特别实，积蓄很多的能量，关键时刻一压，孩子就会给你致命一击，史上最顽劣的孩子就炼成了。因此，对孩子身上平日看来是错误的行为，不要一味制止，只要不是危险的举动，允许孩子尝试，让他自讨苦吃后再帮他分析，他会更明白道理。

西方教育中，一岁多的孩子把树叶放进嘴里吃，父母不会制止，反正不会出什么危险，孩子尝了以后，觉得这玩意儿不能吃，不好吃，自己就会吐出来，以后会形成自动辨别的能力。中国的家长，这种情况下一般会惊叫着抢走树叶，这样将导致两个后果：第一，孩子不会自己去辨别什么能吃，什么不能吃，失去了学习和尝试的机会。第二，孩子对树叶等东西会更加好奇，还会保持婴儿时期摸到什么都放进嘴里的习惯。

孩子的很多行为并非都需要制止，其实很多是在学习。要让孩子尝试，即使太危险不能尝试的情况下，家长也要用分析疏导的态度来对待。一方面可以避免强化孩子的逆反心理，一方面还可以让孩子增长见识，跟一味呵斥制止的效果有天壤之别。

Part3 跟孩子做朋友才能避免青春期的逆反

到了青春期，逆反心理的出现又有不同的原因。这时候孩子喜欢追求时髦，会买一些奇装异服，热衷于明星做广告的那些品牌。一些父母看不惯，总是唠叨、反对、不接受，说这种衣服像什么样，又贵又难看，还不如那些普通的样式。越这样唠叨，孩子就越有逆反心理，不但在穿着打扮上一点改变都没有，以后凡是父母提倡的，他都反对，与父母形成很深的隔阂，甚至水火不容。一般人将这个看成代沟，似乎是不可避免的问题。其实两代人之间一定会有代沟吗？代沟一定导

……树叶这玩意儿不好吃，以后不吃了。这样自动辨别能力就形成了。

致不可调和的矛盾吗？

我看未必。所谓代沟，如果你有正确的方法，绝对可以消除，绝对可以父子成朋友，母女成闺蜜，其乐融融。以上例子中，父母有做得不太好的地方。你不尊重年轻人的审美观，你把自己的审美观强加在孩子身上，你的唠叨和反对不但无用，还成为孩子逆反心理的根源，导致他认为你太保守、太传统，无法跟你交流，你的一切观念他只有反着来才是正确的。

正确的做法是，要尊重孩子的选择。因为穿奇装异服或者剪个特殊发型不是什么了不起的事，只是孩子的审美观不同。父母可以不认同这种审美，但要尊重，可以像朋友一样交流，嘿，小子，你今天穿这样的衣服到底酷在哪里呀，这是赶哪个潮流呀，老子看了怎么就觉得有点另类呀？

这样很轻松地向孩子求教，孩子会把你当成朋友，也许还能给你讲出头头道道来。即便你有不同的意见，也只能摆出来给他参考，抱着理解他的态度。也许在这种轻松的交流中，他还是会接受你的一些建议，可以避免青春期逆反心理的产生，也避免你在孩子心中成为土老冒。

诸如此类的问题如果父母能够触类旁通，避免孩子青春期的逆反大有可能。另一个现象是，父母对孩子在青春期结交的朋友基本上都会介入，特别是结交了社会上的朋友，父母怕孩子近墨者黑，往往干涉很大。这里面的矛盾是，在孩子看来可交的朋友，家长觉得这种朋友会把孩子带坏，因此禁止孩子交往。孩子可不这么认为，他认为这朋友很有魅力，父母禁止跟他交往就是在有意刁难，跟自己对着干。

父母不认同这种审美，但要尊重，可以像朋友一样咨询和交流。

父母这种武断的方式当然不对。那么，如何对待孩子的交友呢？这里面每个人面对的情况不同，不能一刀切。但是有一定的处理原则，那就是跟孩子一起去了解这个朋友，去辨识这个朋友。父母最担心的是孩子交往社会上一些不三不四的人，这时候父母必须跟孩子交流，你今天交往的这个朋友是做什么工作的，素质如何，你为什么喜欢和他交往，他身上有哪些优点。朋友的哪种行为我们不能参与，哪种活动一定不要参加，哪种朋友淡交即可，不然会惹麻烦，等等。

通过分析之后，让孩子自己做出判断，孩子有了判断之后，父母再亮出自己的观点，给孩子参考，跟孩子一步步达成共识，这是最好的选择。孩子在成长过程中，不可避免要接触各种各样的人，这也是一种学习，父母要帮助孩子拥有良好的判断能力，千万不要下武断的结论，把别人都视为坏人，认为绝对不可交往。如果父母出现这种态度，孩子的交往行为就会越来越隐蔽，并排斥父母，有可能真的变成近墨者黑。

总而言之，父母必须意识到逆反心理是孩子的自我意识、自主行为受到干涉、阻挠后的一种反应。尊重孩子，通过沟通达成共识，与孩子成为朋友而不是敌人，是解决问题的根本原则。自我意识具体是指什么，孩子哪一些方面的自我意识受到侵犯，这一点需要父母仔细揣度，认真交流并做出判断。

15 TRAINING MANUAL FOR CHILDREN

撒谎也是一种特长，关键看家长如何引导

如果你的孩子经常撒谎，可以证明两件事，第一，你的孩子想象力出众，创造力颇强；第二，你的孩子比较难对付，可能是你教育上的一个对手，可得用心对待。解决孩子的撒谎问题，必须了解撒谎的本质和成因。明白了这个道理，找到对应的方法，说不定教育得当，还可以变废为宝，化腐朽为神奇。

Part1
爱撒谎的孩子创造力强

孩子喜欢撒谎，这是让父母特别头疼的问题。一位母亲给我打电话说，她的孩子已经上初三了，是个差等生，问他在学校里的事情，没有一句真话，从隐瞒分数到找借口出去玩，撒谎成性，父母已经到了束手无策、欲哭无泪的地步。我说撒谎到了这种程度，肯定不是一两天造成的，你早干嘛去了？她这时候才醒悟到以前确实忽略了对孩子的心理培养，跟孩子缺少沟通，完全处于隔阂中，孩子在与父母道高一尺魔高一丈的博弈中长大。

这个例子告诉我们，不要让撒谎陪伴孩子成长，等到撒谎成为习惯，成为性格中的一部分，那就积习难改了。长期撒谎的孩子，会与父母、老师有很深的隔阂，这些人又怎么能教育好他？

解决孩子的撒谎问题，必须了解撒谎的成因和本质。明白这个道理后，可以找到很多方法，说不定教育得当，还可以变废为宝，化腐朽为神奇。

心理学家研究表明，一般宝宝从 3 岁开始就会说谎，到小学二三年级时，谎言最多也最严重。想想我们自己的成长历程，如果你对童年还有印象的话，也许还能记得自己也有一个撒谎期。看来撒谎并非洪水猛兽，有可能发生在绝大多数孩子身上，只是程度轻重与保持的时间长短不同而已。既然如此普遍，我们就要对撒谎的心理本质做个分析。

如果你的孩子经常撒谎，可以证明两件事，第一，你的孩子想象力出众，创造力颇强；第二，你的孩子比较难对付，可能是你教育上的一个对手，可得用心对待！

何以说爱撒谎的孩子想象力强呢？心理学证实，说谎者必须具备将自己未曾体验的事说得像是确有其事的能力，这表示他们具有将语言与行为分离的能力。也就是说，善于编造谎言的宝宝具有较强的创造力。所以，首先要恭喜你，你生了一个颇为聪明的宝宝。

何以说比较难对付呢？因为孩子已经有足够的智商来对付和摆脱你的言传身教，你可要小心，如果控制不当，信马由缰，你的孩子可能成为一匹野马，到了他为所欲为时，想收，晚了。

Part2

一定要知道孩子为什么要撒谎

第一种，是无意识的撒谎。

比如我家宝宝两岁的时候，平时头磕到墙上后，就指着自己的头叫“痛痛”，妈妈就会给他呵护，让他在抚慰中得到安全感。但是，有时候在没有任何外力磕碰的情况下，他也会指着头叫“痛痛”，他的撒谎只不过是为了让妈妈呵护一下。这里所谓的无意识，是指他没有欺骗的目的，只是出于一种无意识的本能，因为想得到呵护，就幻想又“痛痛”了，也称之为幻想性撒谎。

再举个例子。

3岁的萌萌从幼儿园回到家，书包里有一朵塑料花。妈妈问，是谁的？萌萌说，是我自己的。妈妈大吃一惊，自己根本没有给她买过花，所以不可能是她自己的。这还不是妈妈最吃惊之处，最吃惊的是，萌萌说花是自己的，说得理直气壮——即便是一个老手在撒谎，也不会撒得这么镇定。这可把妈妈急坏了，这么小，撒谎就这么成熟，这哪成呀！

孩子这么小，这样熟练而理直气壮地撒谎是从哪里学的呢？这一点家长可以不必自我检讨，这种撒谎发生在6岁以下的孩子身上，属于现实与想象混淆。她喜欢某个东西，玩过以后便认为那个东西是自己的，并不是有意撒谎。萌萌的妈妈第二天便和她一起上幼儿园，把花还给老师，并教她分清楚什么是自己的东西什么是别人的东西。家长只要有心，现实与想象混淆症很快就可以消除。

无意识撒谎，可以叫做幻想性撒谎，也可以称之为现实与想象混淆症。这种现象也会出现在大人身上，比如说你打麻将的时候，在听牌，特别想和,这时候有可能看错一张牌以为自己和了。别人以为你是诈和，其实你自己心里明白，在一瞬间，你出现了现实与想象混淆症，并不是故意要诈。既然大人都能出现这样的情况，那么在6岁以下的孩子身上出现也很正常，起因一般来自于某个特别强烈的愿望。这时候家长只要做好解说真相的工作，就能把孩子的幻想性撒谎纠正过来。

第二种，行为性撒谎，或者叫有意识的撒谎。

行为性撒谎是比较普遍而严重的。如果萌萌经常把幼儿园的花带

……教她分清什么是自己的东西什么是别人的东西，“幻想性撒谎”很快可以消除。

回家，那有可能就是有意识的撒谎。这时候孩子的表现也会不一样，不会那么坦然地说花是自己的，可能会犹豫，会有编造谎言时狡猾的表情，会有害怕露出马脚的担心。从心理上来说，此刻她明白这花是幼儿园的，目的是想骗过妈妈把花据为己有，免受惩罚。她非常有意识，骗的目的很明确，不再是因为脑海中无意识混淆了花的归属，这时候家长可要仔细观察。

一些孩子会从爸爸妈妈衣服的口袋里偷钱，被爸爸妈妈怀疑后，死不承认。因为没有证据，父母只能怀疑，甚至在孩子的狡辩和发誓之下，还调转怀疑方向，如果家里三代人一起生活，甚至造成家人之间的互相猜疑。这种现象在中国相当普遍。家长对此的反应，如果觉得这件事非常严重，就会对孩子严刑逼供、大打出手，还有一种处理方法是不了了之。

这两种做法都相当偏颇，不值得提倡。治病要治根，所以先要找到病源。在这个例子中，即便你找到了证据，名正言顺地把孩子教训一顿，也无济于事，很有可能他下次更狡猾，更隐蔽。因此，假如你在很大程度上认为是孩子所为（一般来说，根据孩子平时的表现，有没有撒谎，有没有花钱的习惯，有没有作奸犯科的胆量，大体是可以判断其嫌疑程度的），你就要解决这个问题。为了防止冤枉孩子，你可以用假设法跟孩子交流，在交流中把孩子的动机找出来。

你说：孩子，假设这个钱是你拿的，这次我不打算惩罚你。你能承认错误，说出拿钱的动机，在我理解的情况下，可以满足你。假如你不愿意承认或者不好意思承认，那也没关系，但你要意识到这是一种犯罪行为，是绝对错误的，这个习惯不戒除，很有可能毁掉你的一生。

假如你以后需要钱，可以跟我商量，正当的需求，我会满足你，如果我觉得不正当，也会跟你说清楚，总之，不愿意你成为一个小偷。

通过这种推心置腹的谈话，使得偷与被偷双方互相理解，以后孩子就没有必要用偷的方式来解决问题。有这样明理的父母，孩子就会在内心有反省和忏悔之意，既然自己的愿望通过正常渠道也能满足，那又何必要偷呢？除了少数心理疾病患者，小偷并非生来爱偷，是因为他觉得无法从正当渠道满足需要，否则谁也不愿意偷偷摸摸。孩子的反省并非一瞬间或者一两天就能达到效果，对撒谎严重的孩子来说，要经过长期矫正才能有所改变。很多孩子有小偷小摸行为后，家长或者老师采取侮辱性、压迫性的惩罚，使得孩子由此变本加厉，破罐子破摔，甚至形成偷瘾，积习难改。

对于这种行为性的撒谎，家长需要摸清孩子撒谎的欲望和动机，满足孩子的基本需求，并对孩子不合理的欲望进行疏导或者矫正，也就是满足合理性的欲望，慢慢戒除或者转移不合理的欲望。这需要家长的耐心和细心，懂得用沟通的方式到达孩子心灵隐秘的地方。

第三种，被动性撒谎。

被动性撒谎介于第一种撒谎和第二种撒谎之间。这也是有目的性的撒谎，但是属于在客观环境逼迫下自我保护的一种反应。比如说，一个孩子考试得了56分，他把分数改成86分，才拿给父母看，以图蒙混过关。为什么要这样做？因为不及格要受到父母惩罚，及格了不用受惩罚，一些粗糙型的父母就是用这样的标准来要求孩子的。孩子为了避免惩罚，方法也简单，凡是不及格的，想办法弄成及格就行了，他的智商全用来搞这一套了，客观环境逼迫他如此。

以这个例子来说，如果父母发现孩子因为这个原因而撒谎，必须去改变造成他撒谎的客观环境，去寻找更本质的解决方法。孩子成绩不好，原因很多，跟学习方法、学习习惯都有关系，首先你必须接受他不及格的现实，然后帮助他提高学习成绩。用简单粗暴的方式对待孩子，只能把孩子培养成一个撒谎高手。

被动性撒谎的原因，就是孩子的能力达不到家长的要求，不得不以撒谎的方式来达到。记住，他是被动的，无辜的，家长要解除自己对孩子的这种要求，给孩子创造宽松的环境。

不管孩子是哪一种撒谎，家长在矫正的同时，必须意识到你的孩子具有很强的创造力和想象力，有心的家长可以把孩子的撒谎能力引导到有用的事情上，比如在需要虚构能力和创造能力的文学艺术方面发挥自己的特长。

我认识一个在中学时不断对父母撒谎的女生，谎话随口就来，俗称有“临时窍”，原因就是成绩不好，不得不处处撒谎避开批评、责骂与惩罚。后来家长意识到自己的做法不对，开始认可孩子的特长，尊重现实，尊重孩子的优缺点，结果大学之后这个孩子的形象迥异，不但很自信，而且文学创作的特长也得到发挥，最重要的是，与家长的关系彻底改善。这得益于父母的尊重和认可以及对其天赋的发展。这个例子告诉我们，孩子的撒谎大多数是被逼的，父母必须正视现实，不要因为孩子撒谎就恨铁不成钢，反而逼迫孩子变本加厉的撒谎。父母一定要找到根源，有变废为宝的信心、耐心和方法。

16 TRAINING MANUAL FOR CHILDREN

幼儿园的小事故，不用大惊小怪

孩子在家里受到千般宠爱，到了幼儿园，他必须去承受集体生活的压力，最后适应集体生活，并享受集体生活带来的快乐。既然这是人生中不可避免的，也是孩子头一次遭受来自集体和他人的压力，那就正好把它当作磨练孩子意志、适应社会的机会。孩子学到了处理压力的能力，以后一定会受益匪浅。

Part1

教孩子在冲突中磨练意志

一些孩子在幼儿园经常被同学欺负，特别是性格相对内向的女生，由于胆怯、惶恐乃至委屈，回家后便向妈妈哭诉。

这种现象相当普遍，列举三个妈妈的解决之道。第一个妈妈非常担忧和生气，护犊情深，教孩子还击之道：“别人打你，你也要学会打别人，自己要厉害，才不会被人欺负。”第二个妈妈听了女儿的哭诉，便问女儿：“你自己想怎么办呢？”女儿回答：“我躲着他，找别人玩。”妈妈赞赏女儿的解决办法，鼓励她这样做。第三个妈妈很紧张，如临大敌，准备找老师商讨对策。

我理解第一个妈妈和第三个妈妈的心情，但比较倾向于第二个妈妈的做法。并不是认同她鼓励女儿躲开调皮的同学，而是认同她先征询女儿的意见，然后再想解决办法。

当然，对父母而言，孩子在幼儿园或学校经常被同学欺负是个头疼的问题。孩子的委屈、害怕和担心，父母无法帮忙承受，又找不到一个切实可行的办法来解决，毕竟它发生在孩子的世界里，父母可以介入一时，无法长期介入。如果你不解决这个问题，孩子的身心可能遭受创伤，哪个父母不心疼、不着急呢？因此，下面我针对这个问题，提供一些基本原则和方法，相信家长能找到适合自己的解决之道。

……孩子受欺负后，先征询孩子的意见：你认为该怎么办？

首先，父母在观念上必须承认，孩子进入集体中生活，受点欺负和委屈是正常的，甚至是必然的，不要当成特别不公平的、不能承受的事情。想想，人是群居动物，集体生活不可避免，两三岁的孩子进入幼儿园，乃至以后进入学校，跟成人进入单位是一个性质。你进入一个单位，难免有同僚的竞争、排挤以及磨合，你在磨合中学会了相处之道，这种现象你不会认为不公平吧，这是人在社会生活中必须经历的。孩子在家里受到千般宠爱，到了幼儿园，他必须去承受集体生活的压力，最后适应集体，并享受集体生活带来的快乐。明白了这一点，你就会明白，孩子受点委屈和伤害是正常的，是小事，不是大事，不要太紧张，不要杞人忧天担心长此以往孩子可怎么办。有了这个心态，你才不会气急败坏，才不会有过激的行为，问题就好解决了。

那么，既然这是人生中不可避免的事情，也是孩子头一次遭受来自集体和他人的压力，那就正好把它当作磨练孩子意志、让孩子适应社会的一次机会。有这样的好机会，为什么不用呢？孩子学会了处理压力的能力，以后一定会受益匪浅。俗话说，不磕磕碰碰，孩子怎么会长大？这个长大指的是心智上的长大。

这时候我很赞同让孩子自己想办法，然后家长引导的方式。因为孩子是当事人，他必须勇敢地去面对困难，想出自己认为可行的方案，家长在此基础上再给予判断和引导。你可以问孩子，你想怎么办？你找到解决办法了吗？

孩子当然会有多种答案。孩子的第一种答案，也许如以上第二个例子所言，我躲开他，不跟他玩，跟别的孩子玩。既然这是孩子自己想出来的解决之道，也可以避免以后伤害的发生，父母即便心里十分恼火，咽不下这口气，也必须尊重和鼓励孩子的选择。孩子根据自己的想法，躲开伤害她的人，可以避免类似伤害的发生，此事便得到了解决，孩子也依靠自己的想法，获得了解决问题的能力。

在社会中，本来就是物以类聚、人以群分，性格投缘的人聚在一起。孩子以后在团队合作中便懂得去寻找适合自己的伙伴，躲开趣味不相投的人，这何尝不是一种经验？父母要明白，解决问题没有绝对可行的方法，只有适合自己的方法，孩子选择的，肯定是觉得最适合自己的方法。

躲避的方法可能并不奏效，毕竟在一个集体里，很可能这个调皮的孩子就是盯上你了，专门欺负你。虽然这是一种极端的现象，也是会发生的。这时候父母没有必要否定躲避的方法，可以让孩子再想想其他方法，这个过程也是家长陪同孩子解决问题，锻炼孩子能力的机会。

其他方法还有什么呢？孩子可能会有第二种答案，反抗可以不可以？因为在幼儿园里，互相伤害的程度小，父母不妨也可以鼓励孩子这样的行为。前提是要孩子自己提出来，他有这个想法，只是他自己不能肯定该不该这样做。父母说：“可以，他欺负你的时候你可以反击，把他推开，看看他以后还敢不敢欺负你。只不过他如果退缩了，你就不要再追究，也不要用暴力去欺负其他同学。”父母在这里必须认识到，这只是锻炼孩子解决问题，培养孩子拥有坚强意志的机会，而不是要培养孩子的暴力倾向，这个分寸需要家长自己掌握。如果这个办法能够奏效，孩子必能从中感受到解决问题的喜悦和自信，无疑对他今后的成长大有裨益。

第三种答案，孩子会一筹莫展，因为恐惧已经占据了他的身心，他根本不知道怎么办。这个时候家长往往会由于心痛而暴怒，不由分说就带着孩子去讨说法。记住，这个时候更需要对孩子进行引导。因为你的孩子比选择前两种答案的孩子更胆怯，意志更薄弱，更需要培养他解决难题的能力。这时候你可以引导他，躲避法行不行？反抗法行不行？搬救兵法（告诉老师）行不行？告诉孩子各种可能的方法，给他信心，鼓励他去实践，并在心理上加以劝慰和疏导，甚至告诉他这是小事，每个孩子都会自己想办法解决。

总之，虽然有的孩子最终也不敢实践，但父母一定要朝这个方向努力，这一次不行，下一次再来，在鼓励中逐渐锻炼孩子的胆量和意志。这种心理的疏导和鼓励，只能由父母来做，其他人做不到，老师也不可能长期帮你做。有新闻报道，日本天皇的孙子在幼儿园受到同学的伤害，不敢去上学，这个现象在普通家庭也经常出现。这是平时不注意培养孩子的意志、娇生惯养的结果，如果父母没有在这方面引导和鼓励，即便贵为天皇家族，也没有什么切实可行的解决办法。

读了这三种解决的方法，有的家长会质问："你这是站着说话不腰疼吧？孩子脸上被人抓出血痕，身上还受了伤，我能不疼在心里暴跳如雷吗？我还能够坐得住跟孩子循循善诱吗？父母不出面能行吗？"

是的，父母的心情完全可以理解。但必须认识到，暴怒是没有用的，将它当成仇恨事件大可不必，问题的关键是我们要找到解决之道。

Part2
审时度势，偶尔伸把“上帝之手”

前面我们谈到引导孩子寻求解决之道，属于“明修栈道”，父母同时还可以采用“暗渡陈仓”之法，即家长亲自与幼儿园老师乃至对方家长交涉，这需要根据具体的情况来处理。

如果孩子身体没有受到明显的伤害，只是心理上有一些小伤害，父母不妨采用前面我提到的方法，或者向幼儿园老师反映，提醒一下老师即可。

如果孩子受到明显的伤害，父母这时候可以与老师、包括对方父母交涉，找到避免暴力环境的办法，甚至可以向对方索取医疗赔偿等，这是另外一个解决之道。因为孩子所处的环境，是由幼儿园、老师、学生和学生家长构成，问题出在哪些环节，就要在哪些环节解决。

很显然，我的意见是，“明修栈道”和“暗渡陈仓”这两种解决之道要区分开来，分别进行。家长与老师以及对方家长的交涉，目的是创设一个避免孩子遭受更大伤害的成长环境，而不是复仇解恨。我不希望父母一见孩子受到伤害，就不加分析，拉着孩子去讨说法，替孩子出头，这只是家长自己要出气，对于孩子的成长无益。反倒会让孩子只懂得哭哭啼啼回家，养成以后什么事都找父母来解决的习惯，不但无益身心健康，将来这辈子都够家长忙的了。

总结一下，在幼儿园里，孩子受到的身体伤害一般不大，大人不必把事态扩大。如果是心理受到困扰和伤害，不懂得怎么解决，父母必须对孩子进行心理辅导，鼓励孩子以自我解决为主，适当与老师交流配合，这样既能让孩子在伤害中成长，吃一堑，长一智，又能给孩子提供一个安全健康的环境，是完美的解决之道。

17 TRAINING MANUAL FOR CHILDREN

疏导+求助：孩子在学校被欺负时的解决之道

孩子被欺负的问题，主要发生在中小学。有些孩子在外受到胁迫，因为有羞耻感和失败感，不敢告诉家长。这种孩子平时一般很少跟家长交流，家长也漠视他的表现。作为一个负责任的家长，不但平时要跟孩子保持在学习、生活方面的沟通，而且要观察孩子有没有忐忑不安或者闷闷不乐的表现，一定要分担孩子的烦恼，一起想办法解决。

Part1

不要让孩子成为校园暴力的牺牲品

孩子被欺负的问题，主要发生在中小学。

中小学里发生的此类现象，可以让孩子自己想办法，家长分析安全性、可行性判断孩子的办法是否妥当。当然，由于中小学生已经具备一定的伤害能力，以暴制暴、武力反抗这一种方式要慎用乃至不用。

如果只是与同学发生了小摩擦，只是偶然事件，我相信家长们明白了原则和方法，通过上一节所说的双管齐下的办法，不难解决。实际上中小学生所面临的伤害，要比幼儿园复杂得多，我通过下面的一个例子来说明。

中学生 G，在三线城市的非重点中学上学，人木讷老实，不善言辞，虽然个头大，却成为同学欺负的对象。放学的路上，经常被不良学生堵住勒索钱财。这些不良学生受社会混混的指使，清楚哪些学生可以敲诈勒索。G 迫于暴力，把口袋里的钱交出来了事。G 一方面跟父母很少沟通，另一方面觉得父母也解决不了此事，甚至反而会让自己丢脸，于是一次次地被勒索，一次次问家里要钱甚至偷钱，宁可挨父母骂，也不愿意告诉父母。后来实在没钱，打他也没用，不良学生就利用他个头高大，拉他入团伙，指使他去勒索其他学生。他迫于压力，终于与不良学生成为一丘之貉。后来在勒索其他学生过程中，打起了群架，被关进号子(刚好达到犯罪的年龄),在档案上留下污点。后来想去参军,都没有资格去。

分析这个典型案件,我们会发现两个致命的因素。

第一,中小学生因为有屈辱感,在外面被人欺负后,并不一定告诉家长,而是埋在心里,任由事情往不良方向发展。在这个阶段,他们还缺乏处理复杂事情的能力,等到出事了,铸成大错了,家长才恍然大悟,跟做梦似的。

这时候家长往往会责怪孩子,你怎么不早说?其实错有一半在家长。我说过,有些孩子在外受到胁迫,因为有羞耻感和失败感,不敢告诉家长。这种孩子平时一般很少跟家长交流,家长也漠视他的表现,没有与孩子忧戚与共、苦乐同享的习惯。因此,作为一个负责任的家长,不但平时要跟孩子保持在学习、生活方面的沟通,而且还要观察孩子的表现,有没有忐忑不安或者闷闷不乐的表现,如果有的话一定要分担孩子的烦恼,一起想办法解决。

第二,现在学校的环境已经很复杂,特别是在非重点中学,社会势力渗透其中,伤害学生的身心健康。孩子处于这样一个不健康的成长环境中,家长、学校乃至社会治安机构、教育机构都有责任。

以上的例子,假如家长知道孩子受到这样的胁迫与伤害,应该怎么办?靠个人能力是解决不了的,一方面要疏导孩子的心理,帮助分担压力,找到具体办法躲避这一状况,另一方面,要向教育机构和社会治安机构反映情况,寻找解决之道。

总之,这种复杂的情况没有一刀切的办法,需要各方面的共同协调和治理,才有希望解决。实际情况是,这种问题往往很难解决。有的家长会采取“孟母三迁”的方法，既然改变不了环境，就躲开环境，因为这已经不单是教育问题了，而是社会问题。拿上述学生G的例子来说，如果家长及时介入，找到具体的解决办法，就不会有后来被关进号子的严重后果。

Part2 不当受气包也不做小霸王

父母作为孩子最重要的监护人，不仅要凭借自己的能力给孩子提供健康成长的环境，有的时候还要借助学校和社会的力量。但最重要的一点是，作为父母，你要进入孩子的内心世界，明白他在担心什么，在追求什么。如果你沉浸在自己的工作世界里，孩子孤身一人在他的成长世界里，你有多大的爱心，有多少教育的知识，也是枉然。明白了这个道理以后，如果你觉得现在孩子的心理世界与你是隔绝的，你完全不知道他的所思所想所忧，甚至不知道他在外面有什么委屈，那就赶紧去当孩子的知心朋友，亡羊补牢，为时未晚。

最后要注意的是，假如你的孩子是学校里的小霸王，嘿，千万不要引以为豪地说：“我的孩子只有他欺负别人，没有别人敢欺负他的。”作为家长，你一定要意识到两点：第一，你的孩子作为集体中的不安定因素，甚至是害群之马，这个不是什么光荣的角色；第二，不论在学校里还是在社会上，出来混迟早是要还的，不会一辈子都占便宜，要知道会游泳的人，淹死的可能性更大。这个时候，为了集体，也为了自己孩子良好品格的形成，必须加强孩子品质方面的培养。怎样引导自己的孩子不欺负别人，把霸气（往好里说，也可以说是领袖气质）用在该用的地方，但凡有心的家长都应该懂得。

TRAINING MANUAL FOR CHILDREN 18

输在起跑线上——一个虚假的问题

不要把起跑线当回事，在人生的任何一条线上，都没有输赢，不论你的孩子是优等生还是差等生，都不是最要紧的。最重要的是，你要引导他去发现自我，完善自我，引导他走上实现自我价值的人生之路。把目光从起跑线上收回来，着眼于孩子的整个人生道路，于你，于孩子，都是一种机会。

Part1 不尊重孩子成长规律的早教是在拔苗助长

2010年3月25日，号称“教育鬼才”的攸武在博客上公布“种子计划”，旨在批量培养神童。

“种子计划”的具体执行方案是：第一年由生物学课程入手，每个周末给孩子一对一上一次课；第二年开始上物理与化学课，让物理系或化学系在校大学生做家教；第三年开始上高等数学，以后将陆续开设其它课程。他宣称，7岁以下的孩子是严格按“种子计划”来周密训练的；8岁至10岁的孩子只接受理科训练（生物、化学、物理、数学）；11岁至13岁的孩子只接受部分理科的压缩训练（生物、化学、物理）。

他的口号是：“10岁的孩子综合智力超越大学生”“在30年内其中一个孩子能获得诺贝尔奖”！家长想要分享攸武独创的“种子计划”方案，要交一笔不菲的会员费。

虽然这个江湖味十足的计划受到媒体的质疑，但还是有数百个望子成龙的家长加入其中，希望孩子能够如计划所言，脱颖而出。

之所以举这个例子，是因为这个例子能够凸显出部分家长的不健康心态。

首先，这些家长并非每个人都相信能够按计划出效果，大多抱着侥幸的心理：万一呢，万一自己的孩子果真能够智力超群呢？这样的心态相当于买彩票。特别是在自己经济许可的情况下，为了孩子，搏一把有何不可？正是家长的这种心态，才会有各种忽悠性质的“天才培养班”出现。如以上这个例子，还把诺贝尔奖搬出来当幌子，真是不搬则已，一搬惊人。所以希望家长们以平常心和科学方法来教育孩子，不要被“大跃进”式的广告迷惑，导致社会上各种早教骗子横行。

其次，退一万步说，假设这个计划是可以实现的，孩子进入这个班后可以达到“10 岁孩子的综合智力超越大学生”的效果，甚至免费进入“种子班”，我也不愿意把孩子送进去。

为什么呢？

在孩子七八岁的时候，我还不知道孩子有哪些方面的天赋，送进去进行那么多强化训练干什么？也许孩子是个艺术家的苗子，你却硬生生地把他往数理化生物等方面误导，岂不是南辕北辙？

再退一万步，假设孩子确实是个天才，才十来岁，他的知识就达到二十来岁大学生的水平，又有什么用呢？这只会增加他与同龄人相处的障碍，使孩子进入一种孤立无援的生存状态。孩子拥有很多知识，无非就是一台活电脑而已，他的社会能力跟不上，根本就找不到施展的平台，将来成“伤仲永”都很有可能。

中国的一些名牌大学里也有少年天才班，一些孩子由于掌握知识的能力强，十来岁就进入大学，结果很多人出现不适应的状况，甚至需要家长陪读。而毕业之后，大多数人无声无息，根本就无法取得预期的成就，因为他们的社会能力远远跟不上。因此，如果你的孩子 10 岁就拥有 20 岁的智商，无非是个很聪明的孩子而已，未必值得庆幸。

人生之路非常宽广，高智商并不是决定人生快乐或者取得成就的最大因素。

相反，对社会环境比较适应的智商中等的人，往往能找到更大的平台，取得更大的成就。就拿比尔·盖茨来说，他在同学中编程能力并非首屈一指，不是最优秀的软件工程师，但是他除了会编程，还有洞察社会需求的能力。因此，他才能创造微软帝国，缔造属于他的传奇。

极端聪明的小天才，可能与同龄人能够享受的快乐无缘，他永远生活在格格不入的生存环境里，有可能背着社会和家庭的期待走向失败。父母要记住，你可以帮助孩子一时，但未必能帮助他一辈子，在社会上找到施展抱负的平台，还是要依靠孩子自己的能力。

我并非要家长漠视孩子的天分，反对家长们发展孩子的天分，而是要针对孩子的具体情况，结合社会环境，以平常心培养孩子。千万不要拔苗助长，或者刻意对自己的“苗”施肥，使其木秀于林，到头来却成为狂风暴雨摧残的对象，倒下比谁都早。

社会上的一个普遍心态是，不要让孩子输在起跑线上。

为了让孩子在起跑线上先走一步，出现了宝宝爬行班、亲子班、芭蕾班、奥数班……目前，社会上针对儿童早期教育开设的培训班名目繁多，让人应接不暇。家长也忙得不可开交，到处打听，恨不得孩子成为超人。

我们先来分析家长的这种心态。

第一，想让孩子打好知识基础，早点开发智力，以期在将来的升学乃至社会竞争中不落下风，甚至成为优秀人才。可怜天下父母心，这种心情可以理解，但做法未必科学。

第二，家长有攀比心理。现在大多孩子是独生子女，家长有较好的经济能力和足够精力培养孩子，恨不得孩子一生下来，就比别人的孩子优秀，比别人的孩子聪明，学的东西比别人多，成绩比别人好，当高考状元乃至在社会上出人头地。但所有的一切，其实都是在满足父母的虚荣心。父母们要想一想，当你跟别人介绍自己的孩子上过什么兴趣班，有什么技能时，潜意识里是不是在炫耀自己的优越感，满足自己的虚荣心？让孩子身兼多能，你想过这种做法会给孩子增加多大的负担，剥夺他多少快乐吗？他每天本来应有的笑声被你的逼迫和训斥给压抑着，应该吗？学习技能的本质是什么，是不是很大程度上只是你向别人炫耀的谈资呢？

这已经成为严重的社会问题，我们亟待为孩子的成长减压。

中国医师协会儿童健康专业委员会主任委员、亚洲儿科营养联盟主席丁宗一认为，一些针对儿童开设的培训班，利用家长过度期望孩子成材的心理，不遵循儿童生长发育的年龄特征，或不顾儿童心理承受能力，一味提前甚至超前培养，不但严重违背了儿童生长发育的自然进程，更阻碍了儿童的潜能发育，造成儿童期孩子的体力、心智、能力发展迟缓。一些家长对孩子抱以过高的期望，报一些不适合孩子的培训班，为的是尽早让孩子掌握文化知识，或某种技能，试图以此应对日益激烈的社会竞争和挑战，最终却使孩子的身体发育和道德养成出现偏差。

丁宗一说：“杜撰名词，炒作概念，歪曲生理学知识和结论，是我国在所谓早期教育领域内有偿服务的一个特征。”同时，部分家长对孩子进行超常训练和强制管理，这些做法对儿童身心造成了伤害，而家长对这些伤害缺乏科学的认识和应有的防范。

Part2 起跑线是家长们争强好胜搞出来的概念

有些家长对我说，按照你的说法，你要我们对孩子的早期教育放任不管吗？当然不是。教育不能走极端，要权衡利弊。不要因为家长的过度期待给孩子增加负荷，但是也不能放弃正常的教育，而且还要发展孩子的特长。

希望家长们能够理解并树立起跑线的正确观念。输在起跑线上没什么大关系，赢在起跑线上没什么好得意。

起跑线是什么？有的家长把幼儿园当成竞争的第一条起跑线，有的家长把小学当成起跑线。当然从更广义来说，你也可以把高考当成起跑线，甚至把大学毕业后参加工作当成人生的起跑线。不管哪一条起跑线，我要强调的是，输在起跑线上没什么大不了，赢在起跑线上也没什么了不起。不要认为我这是站着说话不腰疼，你们要先放下炫耀自己孩子的虚荣心，再听我剖析。

我要告诉大家，起跑线上根本就没有输赢这个概念，它是家长们争强好胜搞出来的。我们的孩子，只要习惯良好，智商正常，品质不错，没什么大毛病，成绩中庸一点，表现愚钝一点，又有什么关系呢？如果他很优秀，当然乐得锦上添花；如果中等，家长亦要感到满足；如

输在起跑线上没什么大关系，赢在起跑线上没什么了不起。

果他在学习上有弱项，采取一些强化措施即可，这都不是大问题，不要苛求自己的孩子一定要成为优秀生、尖子生。每个孩子都有自己的小宇宙，家长要去发现孩子的小宇宙爆发的时间和方向，而不要太着眼于眼前取得的小成绩。

家长对孩子的教育要有长远的眼光，我举两个例子。

第一个例子：享誉全球的李安导演，在中学时是个资质平平的学生，后来考取了普通的艺专，成绩也平平，毫不起眼。毕业后他喜欢拍电影，没有理想的工作，婚后在美国，由妻子撑起家庭生活重担，自己在家带孩子，抽空写剧本，有时也跑跑龙套，当了 7 年的家庭妇男。直到剧本《喜宴》获得台湾政府奖金的支持，才有机会当导演，后来，“父亲三部曲”获得初步的成功，《卧虎藏龙》的拍摄使他登上了奥斯卡颁奖的舞台，此时，李安成为华人中最成功的导演之一。

这个例子并非要证明看上去资质平平的人总会成功，而是要说明以下三点：

第一，要相信是金子总会发光，只要找到合适的平台。

第二，也是最重要的一点，小宇宙的爆发，或者说成就的取得，不知道会发生在人生的哪一个阶段，或者少年得志，或者大器晚成，但可以肯定的是，在起跑线上论输赢没有意义。

第三，成长过程中的低潮期，有时候亦是在积累人生经验，储备成功的能量，过早的发光往往消耗了这种能量。

第二个例子：最近有一个调查，对 1977 年到 2008 年中国高考制度下产生的近千位高考状元进行调查，发现其成就远低于预期，没有一位是政界、商界或者学术界的顶尖人才，可以用“泯然众人矣”来形容。

我们一般认为，高考状元将来应该成为社会顶梁柱，但现实推翻了这种认识。这个例子并非说明人一定要取得什么大成就，做个平凡人，享受世俗的快乐未尝不好，这也是大多数人的生活轨迹。这个例子只是说明，即便你赢在高考这条人生的起跑线上，也不能注定你将来就是人中龙凤，高考胜出对于整个漫漫人生来说并无决定性的影响。

这里面有个规律：一般来说，成绩优秀的尖子生，他的人生方向比较固定，也比较顺畅，他能够考上最好的大学，找到最稳定的工作。与之相对应的是，由于他的经历太顺畅了，将来反而不太适应社会竞争，缺少开创性，承受挫折的能力和寻找机遇的能力相对不足。相反，那些成绩平平的人，工作条件可能没那么优越，但抗挫折能力和寻找机遇的能力都很强，开创性的工作大多都是由他们来做的。

这里涉及到前面提到的挫折教育问题，成绩优秀的尖子生在顺利的学业中失去挫折教育的机会，产生一种人人为我垫脚的优越感，甚至会导致将来一遇到挫折就崩溃的状况。反之，有些在校时表现并不突出的学生则会成就大事业。

比如新东方总裁俞敏洪就是在大学表现平平的家伙，还曾经两次高考落榜，后来在北大待不下去了，于是创办了新东方。创办新东方的过程困难重重，需要一个个去克服。很难想象，一个从小学到大学都很顺利的学生会有这般耐力。

由此可见，人生总是有所失有所得，有时候你得到某个具体的东西，同时也失去了人生的某个机会。每个人只能根据自己的路子来走，千万不要去羡慕和强行模仿别人的路子。

这个例子再次证明，不要把起跑线当回事，甚至如高考这种起跑线。家长们，把目光从起跑线上稍微收回一些，着眼于孩子的整个人生道路，于你，于孩子，都是一种机会。

父母生一个孩子，当然都是宝贝，谁能不爱呢？可要怎么爱呢？把他培养成一个学习的机器，什么知识都懂一些，什么技能都会一点，就是没有体验过快乐的人生，这是爱吗？不，这是摧残。

爱孩子，最基本的就是要让他的人生完整，让他的童年有快乐，少年有顽皮，青年有激情，壮年有事业，老年无怨无悔。很多家长把孩子童年和少年的快乐时光先扼杀掉，全部用来学习，以为这样做长大成功后就会有真正的快乐。结果这种孩子长大以后，可能是一个埋头苦干毫无情趣的家伙，甚至除了按部就班地干活，不知道人生乐趣和生活目的何在。

因此，我在这里强调，不要剥夺孩子童年和少年的快乐，不要增加那么多负荷，让孩子承受不合时宜的压力。也就是说，对孩子放任不管是不对的，把孩子抛到知识的海洋里淹得六神无主更是不对的。

通过调查，我发现许多家长在周末把孩子送到兴趣班，其中有一个很普遍的原因，是因为孩子在家里特别闹，除了调皮捣蛋，其他正经事儿都不干，还不如送到兴趣班去，既能提高孩子的技能，大人也图个清静。

这种做法未尝不可，但也要注意两点。

第一，最好让孩子上自己感兴趣的培训班，不要强加给孩子。很多家长确实有跟风心理，比如孩子明明对音乐不感兴趣，五音不全，家长看到“超级女声”“快乐男声”火了，就把孩子送去学唱歌，送去学钢琴。在很多兴趣班里，孩子不感兴趣的，占了很大的比例，有的不但不感兴趣，而且根本不适合。根据专家的调查数据，仅有5%的学生适合学奥数，对95%不合适学奥数的孩子来说，学奥数能开发智力吗？对人生有何裨益呢？恐怕效果有限，结果把他的时间都浪费在无聊的高难度运算中，毫无快乐可言。

第二，父母是孩子最好的老师，不能将教育孩子的责任全部推给学校的老师。很多家长有这样一种心理：生孩子是我的事，教孩子全是老师的事，不管是学校老师还是兴趣班的老师，反正孩子增加见识全靠他们了，我就是做衣食父母，不管精神方面的。

其实，学校老师只负责知识灌输，精神方面的培养主要还是家长的事。为什么同是一个班的学生，有的成龙成凤，有的成为老鼠呢？这跟家长的教育有很大的关系。因此，家长适当腾出时间进行亲子教育十分重要，而不能把担子一撂，全给老师了。

周末如果嫌孩子在家里吵，可以带孩子到公园或者郊外，看看新鲜的事物，教孩子观察社会生活。文化程度较高的家长，可以启发孩子思考各种问题，并且给予解答；文化程度不高的家长，可以把自己当作孩子的同学，共同发现问题，共同讨论，然后一起寻找答案；文化程度低的家长，可以当孩子的学生，问孩子问题，孩子不能回答的，让他采取各种方式去寻找答案。这样做，相信你的孩子知识会得到增长，自信心也会得到极大的提升。这种方式不仅能改善父母与子女的关系，更是非常重要的学习——如果你觉得有必要花时间陪孩子的话。

父母在教育中要看到现象背后的本质，不必着急跟风，使投机分子有机可乘。教育孩子不要着眼于眼前的优劣，要思考孩子行为的本质，

……到公园和郊外去看看新鲜的事物，生活和大自然是最好的教科书。

然后做到心中有数，不慌不忙，知道教育的重心在哪里。社会上每一阶段都会出现热门的教育现象，心中有数的家长应该能够判断有无必要参与。锻炼出这种能力需要家长的用心学习和体会。

当你看完这一章，我希望你的脑海中不再有“赢在起跑线上”的概念，对孩子的知识、技能培养要量力而行。其实岂止起跑线，在人生的任何一条线上，都没有输赢，不论你的孩子是优等生还是差等生，都不是最要紧的。最重要的是，你要引导他去发现自我，完善自我，引导他走上实现自我价值的人生之路。

相信自己的孩子是最棒的，他体内有一座独特的小宇宙，等待你去发现：有的孩子是话唠，善于吹牛、撒谎，长大后居然是公关天才；有的孩子是个“小算盘”，爱钱如命，长大后有可能是投资理财高手；有的小姑娘特别爱出风头，人来疯，将来有可能是舞台上的天后；有的孩子很木讷、内向，数理化很差，小心点，将来有可能是了不起的作家。这些都需要父母的慧眼识珠，乃至化腐朽为神奇的培养技巧。

19 TRAINING MANUAL FOR CHILDREN

从血型看孩子的性格和职业趋向

父母与孩子朝夕相处，如果细心观察，则会从孩子的性格、兴趣中找出蛛丝马迹，预知孩子未来朝哪个方向发展更为合适。在客观条件上，也可以从血型方向去了解孩子的性格，乃至他将来适合的职业。家长在了解血型的知识之后，会对孩子的性格有一个大致的了解，以此为基础，结合孩子的意愿，帮助孩子规划其未来之路。

Part1

你的孩子是棵什么树？

我问过一些父母：你知道孩子的血型吗？不知道。你知道孩子偏内向还是外向？不清楚，有时候内向有时候外向吧。你觉得你的孩子适合做哪方面的工作？那怎么说得准。你觉得孩子是真的对音乐感兴趣吗？不知道，邻居的孩子报音乐班，他也吵着要报。甚至，到了高一，我问：你的孩子适合学文科还是理科？哎哟，这个也说不清楚，还是问他自己吧。

从医学的角度说，父母不知道孩子的血型，这是不负责任的，最好去医院时顺便查一下。至于其他方面，我觉得作为父母还应该了解孩子未来的职业趋向，了解这点，对他现在的教育和未来的生活安排都有好处。

就像种一棵小树，熟悉植物学的人会判断，这棵树将来会长得笔直高大，可以做栋梁之才，于是在成长的过程中，他会把不需要的旁枝斜干去掉，让它直冲云霄。另一棵树，行家判断，这棵树长出来的姿态优美，是很好的景观树，于是精心护理那些旁逸斜出的部分，终于使这棵树长得婀娜多姿。

你的孩子将来会长成一棵什么树呢？你如果不了解，他就有可能长错位，也有可能自然成型；你如果有所预知，则有利于他长得更加完美。

……了解孩子将来可能长成一棵什么树，再精心护理就不会长错位了。

一般来说，父母与孩子朝夕相处，如果细心观察，则会从孩子的性格、兴趣中找出蛛丝马迹，预知孩子未来朝哪个方向发展更为合适。其实我们在给孩子报兴趣班的时候，就应该知道孩子的兴趣和特长，在选择文理科的时候，就应该知道他属于哪方面的人才。

父母的观察很重要。比如说，有的孩子特别善于融入集体，经常在集体中发挥主导作用，那么可以发掘孩子的领导能力；有的孩子特别不合群，习惯独立去做一件事、玩一个东西，有可能他很适合做独立性强的工作，比如艺术创作、科技发明等；有的孩子特别爱出风头，人来疯，爱调侃，可能有舞台表演方面的天赋。孩子就像一座未开发的富矿，家长仔细观察必定能发现孩子的闪光点。所以，如果有人问你，你的孩子有哪些兴趣呀，什么性格呀，擅长做哪一方面的工作呀，你回答不出来，不是愚笨，而是没有留心观察。

Part2 血型与性格和职业的关系

从客观条件来看，我更倾向于从血型方向去了解孩子的性格，乃至他将来适合从事的职业。这未必绝对正确，但可以作为参考，比一无所知对孩子的成长要有利。

关于血型，目前也只知道它是一种遗传物质，并按特定的遗传规律——孟德尔遗传规律传给后代。日本一些学者认为，血型决定着人的性格、气质和彼此之间的缘分。科学地运用血型知识，可以帮助我们妥善处理错综复杂的人际关系，解决“斩不断、理还乱”的恋爱婚姻等家庭问题，还可以指导我们选择职业。可以说，掌握了血型知识，在一定程度上就掌握了解决问题的秘密武器。

日本人的生活与血型息息相关，有很多公司招聘的时候，都要通过应聘者的血型来考察其是否适合这个职位。

以下是日本作家能见正比古在《血型与性格》一书中对各种血型普遍特征的论述，家长可以把它当作了解你孩子性格的参考。但是不要绝对化，因为一个人的性格不单单是由血型而定，还受其他方面的影响。

A 型血人的特征：

有牺牲奉献的精神，具有协调性。积极服务别人，重视周遭气氛。喜爱孤独，易掩饰自己的真心，无法信任别人。

A 型血人最突出的特征：

01. 最闷；02. 最容易自杀；03. 最不长眼睛；04. 最可爱，最可怜，最没人爱；05. 最死缠活缠；06. 最罗嗦也最唠叨；07. 对爱情最执著，爱你一万年吓死你；08. 最喜欢抱棉被；09. 食量最小,最喜欢喝柠檬汁；10. 最不懂得玩。

A 型血人的职业领域：

在学者、教育家、研究者、技术人员、工程师等比较内向性的职业领域里，A 型血人有适应性。

但是，在 A 型血人占多数的日本，几乎所有的领域里都能够发现 A 型血的人才。其中公务员所占的比例最高。对 A 型血人来说，公务员是最适合自己的职业了。作为国家这个大组织的一员，完成组织安排给自己的任务，遵守规定，勤勤恳恳地工作，取得稳定的报酬。A 型血人认真，努力向上，毫不懈怠，归属意识强烈，富有协调精神，做公务员成功的人是不少的。A 型血人希望世界安定、平静、和平，这种气质特征，不正是使他们选择公务员职业的原因吗？

A 型血人的集中岗位为管理、研究、技术、技能、会计、规划、广告、营业、一般事务等 9 个。

由于 A 型血人在研究、技术等职业领域有适应性，因此，对研究、技能、技术等 3 个部门的工作有较高的适应性。

A 型血人在性格上一丝不苟，责任感也强。他们慎重、工作细致，是理想主义者。他们有思考力、协调性，所以在会计、一般事务方面适应性也较高。

B 型血人的特征：

个性爽朗，开门见山，没心眼，心肠软，有同情心，爱好横向关系的拓展。全凭直觉及印象，容易不顾一切地蛮干下去。不求结果，只在乎过程，极为重视现在。

B 型血人最突出的特征：

01. 最会扮猪吃老虎；02. 最没有方向感；03. 最懒，最会吃；04. 最会吹牛，连自己都相信呢；05. 最多情也最薄情；06. 最不会拒绝别人；07. 最喜欢裸睡；08. 最爱喝咖啡；09. 最喜欢东逛逛西买买。

B 型血人的职业领域：

在政治家、外交家、商业家、作家、记者、图案设计师、实业家等比较外向性的职业领域里，B 型血人有适应性。另外，在体育界，B 型血人也很活跃。他们当中很多人凭着后天练就的技术、身体素质，再加上先天因素而活跃在行业前列。B 型血人看起来与细致工作无缘，其实并不尽然，B 型血人也有特别细致的。设计师中 B 型血人多，是因为他们现场应变能力强，而且特别细致。运动领域，特别是在职业运动领域成为一流选手的人，其实都是特别细致的人。他们不拘于眼前的胜负，而专注于行动，热情地向自己的极限挑战，所以能取得出色的成绩，这正是竭尽全力所致吧。B 型血人在工作上表现出同样的精神。

适应的岗位有：计划、销售、开发、会计、经营、人事接待等 6 个。

B 型血人只要想干，可以说在任何领域都会显示出很强的适应性，特别是在规划、广告、营业等方面，更是如鱼得水，会取得显著的成果。

在与营业相关的工作里，市场调查、商品规划、推销是三大支柱，三者相互作用，从而促进营业工作。不管在其中哪一部分，B 型血人都可以成为得力的成员。尤其是了解市场动态、行情，了解消费者的需求、开发商品、战略筹划、宣传规划等方面，B 型血人样样擅长。另外，B 型血人作为推销员直接做买卖的能力也远远地超出一般人，要求特殊本事的推销工作，其它血型的人可以说是望尘莫及。

AB 型血人的特征：

天生的和平主义者，很热心地做一些对自己没有利益的事，或为了公众的事而奔波。行动敏捷，忽冷忽热，常被视为异端。经常走自己的道路，不会主动融入团体。

AB 型血人最突出的特征：

01. 最矛盾最神经；02. 最绝最精；03. 最奇怪，晴天打伞雨天晒被；04. 最反复无常，晴时多云偶阵雨；05. 最没决断力；06. 最容易发疯起笑；07. 最不知道侧睡时耳朵放哪儿；08. 吃东西最不定时，最偏食；09. 最喜欢说“随便”；10. 最喜欢到处跑。

AB 型血人的职业领域：

AB 型血人虽说占少数，但事实证明，在所有领域里 AB 型血人大多都是优秀的，一般被公认为能人。在实际工作岗位上，AB 型血人多数表现得颇为强干。如出色的公务员、有才气的作家、头脑清晰的银行家等。

适应岗位有管理、研究、技术、技能、会计、计划、营业及一般事务等 8 个。

从心理调查来看，适合 AB 型血人的职业范围比较窄，但实际上，他们却活跃在非常广泛的领域里。与职业适应性一样，他们对工作岗位的适应性也很强。

O 型血人的特征：

洞悉全盘大局后采取行动，一旦下定决心便很难再改变。对善意、恶意很敏感。以信赖感为主轴，有很彻底的同伴意识，喜欢成群结党。

O 型血人最突出的特征：

01. 最酷最霸道；02. 最狠，也就是说像土匪；03. 最爱车子的引擎；04. 最会杀人不见血，气死你；05. 最伶牙俐齿；06. 最敢爱敢恨，形之于外；07. 最易入睡，但睡相很难看；08. 最好养，什么都敢吃；09. 最喜欢喝酒；10. 最喜欢登山和旅游。

O 型血人的职业领域：

O 型血人适合政治家、外交家、营业员、教师等工作。这是个综合性的结论。

O 型血人不怕困难，在任何领域都最有可能保持平均水平以上的成绩。并且职业的选择范围也很广泛。就是说，在已从事的职业外，还大有选择的余地。如何处理个人与集体的关系，是 O 型血人在一个集体里能否生存下去的标志。O 型血人不喜欢没有波澜的工作，他们总希望由自己来整治混乱状态，并将其引入安定局面。

O 型血人之所以如此，是由于他们不安于现状，渴望着向前、向前。所以，总愿置身于不断发展中的 O 型血人，往往会选择像职业运动员这一类职业。具有这些特征和志向的 O 型血人，能很快地成为一个团体中可以独当一面的人物。

如果分析 O 型血人的工作成果，就可以看出，O 型血人比其他血型人能钻研得更深入，贡献也相当可观。他们能使工作全面地向前推进，因而他们能出色地胜任管理工作。如果再有一个好的助手，那 O 型血人就完全可以成为一个成功的管理者，这在优秀的政府官员中，人数并不少。

以上是专家从实践调查和血型学中归纳出来的知识，具有普遍性。很多人会以自己为例指出并非如此。比如我的朋友小钱，目前是个自由撰稿人，A 型血，性格桀骜不驯，与 A 型血人适应的学者、教育家、研究者、技术人员、工程师等职业特点相去甚远，小钱说那些工作一点都不适合他。

这个例子是不是证明这些归纳是错误的？当然不是。我进一步分析小钱的性格形成，发现原来小钱的父亲是一个很孤僻很不合群的人，对周遭同事总是报以不屑的态度。小钱承认自己受到父亲潜移默化的影响，非常不合群，在每个单位最多待两三年就腻透了，厌烦和人打交道，于是做了自由撰稿人。而且小钱父亲的性格特别浮躁，做什么事都没有耐心，小钱现在也不觉得哪一件工作是值得埋头苦干的。

这说明，血型只是决定性格形成的一个重要因素。人的性格和职业，是由各种合力造就的。家长在了解以上血型的知识之后，可能会对孩子的性格有一个大致的了解，对于孩子将来适合从事的职业也能有个大致判断。除此之外，家长更应该根据实际情况，结合孩子的意愿，帮助孩子规划未来之路。

20 TRAINING MANUAL FOR CHILDREN

有目标和理想的孩子才能成为“大人物”

有目标和理想的孩子，学习、生活会特别有干劲，特别自觉，做事情有条理，主动性强，在做出第一步之后就知道第二步要做什么。这样的孩子处世积极乐观，视野开阔，性格成熟，在成长中容易成为团体的中心，甚至有领导才能。

Part1
没有目标的孩子没有动力

帮助孩子确立目标，是相当重要但常常被父母忽视的问题。我们先来看看没有目标的孩子会出现什么状况。

一般来说，没有目标的孩子也跟别人一样上学、放学、做家庭作业，一切都按部就班。但是这样的孩子很懒散，很不专注，容易分心。比如说他在放学的路上，一碰到好玩的事，就忘了回家；做作业过程中，不是借故出来看一会儿电视，玩一两下，就是混到大人堆里搅和一二。没有目标的孩子，谈不上对什么事感兴趣或不感兴趣，只是随大流，没有热情。

这种孩子上学的目的只是为了上课，上课的目的只是为了把一学期应付过去，上完小学的目的只是为了上个中学，甚至在他的意识里，根本没有目标的概念。

孩子没有目标，不能怪孩子，要怪父母。因为很多父母根本就没有帮助孩子确立目标。这些父母会不以为然，说我们的孩子怎么可能没有目标？我辛辛苦苦培养孩子，就是为了让他上大学呀！是的，上大学拿文凭，这个就是很多父母给孩子确立的目标。

然而，文凭是目标吗？如果算的话，只能算是伪目标。现在有大学文凭的人多了去了，文凭能抵得了饭票吗？有文凭的人只不过比没文凭人的多一张身份证明而已。应该说，获得能力才是孩子的目标。明确了这个目标，整个学习的过程才有意义，而文凭只不过是能力的佐证之一。

没有目标的孩子，也随大流去上兴趣班，学画画，学音乐，学一年转而去上另一个兴趣班，也不知道学这些干什么用。技能是学了一些，但兴趣并没有培养起来。

例如，我家邻居的孩子小牧放学后直接去同学家，抄写同学做好的作业。抄完后回家吃饭，看电视。妈妈问："作业呢？"小牧说："作业做完了。"他把作业本拿给妈妈看。妈妈无话可说，因为跟他的约定是作业做完了可以看电视。日复一日，小牧每天的目标就是把作业应付完，然后看电视或者玩游戏。他的成绩永远是中下等，没有目标，没有努力，做事情的态度就是应付了事。这是很多孩子的现状。

如果我们问孩子，学习的目的是什么？相信没有几个能回答清楚的，没有几个心里有数的。没有目标的孩子，学习懒散，对任何事情都不专心。试想一下，如果我们在单位里上班，没有一个目标，不也是浑浑噩噩，过一天算一天吗？

确立目标，对孩子的学习、生活乃至人生至关重要。所谓有志者事竟成，有志就是有目标有理想，理想在这个时代绝不是一个空洞的词。

有记者问日本马拉松冠军山田本一："您是凭什么战胜对手的？"山田本一说："我是凭智慧战胜对手的。"记者们迷惑不解，后来，在他的自传中找到了答案。

开始，山田本一把终点作为目标，跑了十几公里时就疲惫不堪，他被前面那段遥远的路程吓倒了。后来，他把整个路程分成几个小目标，

……把大目标分成几个小目标，就可以轻松跑完全程。

比如，第一个目标是银行，第二个目标是大树，第三个目标是一座红房子。他首先冲向第一个目标，而后又不断地向第二、第三个目标冲刺，四十多公里的赛程就这样被他分解成几个小目标，并轻松地跑完全程。

这个例子给我们的启示是，人生要有大目标，而人生的每一阶段又要确立多个小目标，有目标才会让人精神百倍且持之以恒。

我们先来说小的目标，父母必须帮助孩子确立阶段性的目标。对家长而言，孩子的学习是家长最关心的问题。我不否认成绩属于学习的一项重要指标，因为成绩可以代表学习的成果。家长可以把成绩、名次作为孩子的目标，如果孩子现在的成绩处于班级里的中游，可以订立一个中上游的目标。订好目标以后，对弱项进行专项的训练，孩子有进步以后，要进行适当奖励，让他享受到进步的快乐和实现目标的满足感。

但我不赞成唯成绩论，把成绩当作学习的唯一目标。当孩子的成绩已处于上游，你给他定下前三名的目标；当孩子已经是班级的前三名，你给他定下第一名的目标；当他成为第一名之后，目标又是什么？所以，一味地追求更高的成绩，是一种有失偏颇的目标追求法。其实人生需要各方面的能力，孩子感兴趣的任何事，都可以让孩子订立目标去做。

有的孩子上完了一学期的绘画班，然后跟妈妈说，我会画画了，我想学音乐，于是妈妈又带他去学音乐。每样东西都浅尝辄止，这属于没有目标的学习。合理的做法是，孩子有兴趣学画画，给他确立目标，让他先参加班上的画画比赛，再参加全校的比赛，鼓励他参加少年宫的比赛或更高层次的赛事。只有帮助孩子确立一个个具体的目标，才能激发孩子不断向上攀登的进取心。

……帮助孩子制定目标，让目标成为孩子前进的动力。

需要强调的是，孩子的缺陷和弱项，采用目标训练是非常有效的。比如说，有的孩子身体特别弱，家长可以让他进行运动训练。很多练武的人年少时体弱多病，通过训练后身体变得特别健壮，如霍元甲、李连杰等。有的孩子在意志上特别薄弱，家长对孩子进行意志方面的训练后，孩子变得意志坚定。

在孩子实现每个目标后，要帮助孩子回顾、总结，然后让孩子确立新的目标。每一个目标的实现，是一种成功的体验，能够极大提高孩子的自信心，激励孩子去实现更大的目标。

但在帮助孩子实现目标的过程中，可能会出现种种意外，这时就需要不断调整目标。

比如小崔在文化学习方面能力较差，想在体育方面有所建树。在练短跑的过程中，教练和自己都制定了切实的目标。然而在经过一段时间的训练之后，发觉很难再提高。这时跳高教练看出小崔在跳高项目上很有天赋，并且在尝试之后有新的收获。于是，小崔把目标调整为跳高项目。这就是说，孩子在实现目标时，有时会发现更适合自己的方向，那么可以进行目标调整。

洋洋的成绩属于中下游，妈妈给他请补课教师，把目标定在期末考取班级十名之内，洋洋深受鼓舞。但是考试结果不如人意，距前十名还很远，洋洋非常沮丧，甚至失去信心。这里面的原因是目标定得太高，或者措施不是很对头。这时可以适当调低目标，让他恢复信心，一点一点地进步，以免欲速则不达。

Part2
挖掘孩子的潜在目标

只要家长有心，帮助孩子实现目标，并不难做到。比较难做到的是挖掘孩子的潜在目标。

什么是潜在目标？我举个例子来说明。

肖敏个子矮小，性格内向，平日郁郁寡欢，在同学里很不起眼，经常是被笑话的对象。肖敏的成绩中等，平时看不出有什么特长，更看不出有什么理想和抱负。毕业若干年后，肖敏却成为小有名气的电视剧编剧，收入颇丰，成为同学里很让人尊重的一个。

肖敏向我陈述了内心经历。他中学时各方面都很普通，特别是个子小容易受人欺负，内心颇觉受到冷落。这种境况使得他在那时候定下了一个目标：将来一定要混出头，让同学刮目相看。从此以后，这个目标支持着他去尝试各种职业，最后结合自己的特长和爱好，走上了写作的道路，终于成为小有名气的剧作家，也成为同学热捧的对象。

肖敏的例子告诉我们，孩子身上，特别是沉默寡言的孩子身上，不乏你没有看到的潜在目标，也许在他们的心目中那只是一个模糊的方向。倘若家长能发现其中的苗头，加以引导，孩子将来则有可能成大器。

潜在的目标犹如暗夜的星光，犹如海浪底下的潜流，神龙见首不见尾。潜在的目标更多出现在内向、沉默、不善交流的孩子身上。随着孩子慢慢长大，受到种种遭遇和环境的影响，潜在目标有可能成为积极的力量，也有可能演变成邪恶的力量。可能会变成超越平凡、追求不俗的动力；也可能会变成仇恨社会、反抗同类的力量。

据新闻报导，有个司机在路上捡到某个小学生的“死亡笔记”，上面记录着“我要变成超人，杀死XX”等内容。这虽然只是孩子情绪发泄的一种表现，但在更深层次表现了孩子内心的扭曲。父母要与内向的孩子多交流，找到其潜在目标，并加以引导。

你要相信，只要你善于发现，善于发掘，其实每个孩子都有目标。肖敏是通过自我激励法自学成才，而更多的孩子小时候心中都有模糊的目标，只是在成长过程中慢慢被消磨，乃至消失。如果家长有一双慧眼，懂得与孩子沟通，孩子身上的潜在目标则会成为人生最大的动力。

盛大总裁陈天桥，从复旦大学经济系毕业后进入陆家嘴集团，他万万没料到第一份工作是每天在一个小房间里放映录像片。但陈天桥很快意识到，寂寞也是磨练意志的好机会，于是沉下心来阅读大量管理学书籍。10个月之后，集团下属企业有个干部挂职锻炼的机会落在他头上，他利用自己10个月的积累，对企业进行了卓有成效的改革，形成自己独特的管理风格。后来他去了一家证券公司，小有成就之后，勇敢地做出选择——自己创业。就这样实现了盛大传奇。这个例子说明潜在的目标会把你从人生交错的小径带出来，指引你到达自己想去的地方。

Part3 有理想的孩子走得更远

人生要有具体可行的阶段性目标，更要有远大的理想。

温家宝总理为什么要写《仰望星空》？因为现在很多孩子只盯着

眼前的一亩三分地，忘了更高远的世界。原因是很多父母经过努力得到一亩三分地，沾沾自喜的把“成功”的经验传授给孩子。父母很容易使孩子把一个常见的职业当成理想，这并非绝对的错误，因为理想也是通过职业来实现的，但毫无疑问，许多错位的职业追求正在消灭孩子的理想。

也许有人说，在竞争如此激烈的环境，空谈理想，误人误己。其实不然，树立理想和找到现实的职业并不冲突，而是相辅相成。比如前面陈天桥的例子，他获得了第一份自己并不满意的工作，但他的理想还在，理想指引他走向更加广阔的天地，每一份工作都成了实现理想的基石。

与之不同的是，一个没有理想的孩子，会把眼下的职业当成最终的理想，家长也觉得能找到一份工作，当属不易。这也没什么错，区别只是一个没有理想的陈天桥会在最初的单位里按部就班当个小职员，而一个有理想的陈天桥会创造盛大传奇。这个社会更需要有理想的陈天桥，每个父母也希望自己的孩子是个有理想的人。父母要做的，只不过是在孩子的成长过程中引导他们树立理想，引导他们学会仰望星空。

理想，即远大的目标，就如马拉松比赛最后撞线的那一刻，需要通过完成一个个具体的目标来实现。最初的理想可能是模糊的，也可能只有一个方向，当实现了一个又一个目标之后，就会变得越来越清晰，力量也会越来越集中。

有目标和理想的孩子，学习、生活会特别有干劲，特别自觉，做事情有条理，主动性强，在做出第一步之后就知道第二步要做什么。

这样的孩子处世积极乐观，视野开阔，性格更成熟，在成长中容易成为团体的中心，甚至有领导才能。

树立理想和目标，不仅是个人的问题，而且是民族的问题。在这一点上，不得不提到日本这个极为重视目标的国家。日本在明治维新时期找到学习的目标，开始学习和赶超，一个弹丸之地很快变成一个经济、军事强国。

日本人还有一个理想是，日本足球经过50年的努力，要超越巴西，成为世界第一。他们可真敢想，不过他们还真不是吹牛皮，2010年，日本足球在南非世界杯上杀入16强，展现在人们面前的是一支打法成熟、技术细腻的球队，他们已经不屑于在亚洲称霸，俨然是世界二流球队水平，正扎实地向一流球队迈进。

而我们的足球，何曾做过50年的规划？哪个足协主席上任，都是做自己任期内的计划，希望赌一把，出成绩，出政绩，不要命地急功近利。这是有理想的足球和没理想的足球的区别。

希望每个父母的目光都如日本足协，而不是中国足协。

TRAINING MANUAL FOR CHILDREN 21

重大的人生选择要由孩子做主

人生的选择没有绝对的对错之分，面对孩子的选择，家长要着眼于其整个人生，不要太计较眼前得失，特别要克制一时的虚荣。在尊重孩子的基础上，引导孩子做出正确的选择，其实需要很高的见识；需要对孩子人生意愿的尊重，还要有对长远利益和暂时利益的区分与割舍；甚至需要听取旁观者的意见。

Part1

父母不该对孩子的未来大包大揽

作为孩子的监护人，在孩子的成长乃至一生中，父母要替孩子做许多选择。孩子处于懵懂阶段，很多事只能由大人说了算，比如上哪个幼儿园，参加哪个兴趣班。孩子长大以后，家长要与孩子共同选择，比如读文科还是理科，选择哪选大学什么专业，乃至找什么样的男朋友或者女朋友。我们说得比较容易，但是一涉及到实际，双方往往有不同的意见，僵持不下。

举个例子。我的一个朋友 L，他的父亲是某大学的教授，作为一个高级知识分子，对儿子的人生规划自有主见，认为在这个社会上，如果有一技之长，不管社会变化多么剧烈，孩子总能有一个铁饭碗。他认定医生是在任何时代都不会落伍的职业，于是替儿子定下上医学院的目标。L 从医学院毕业之后，他的父亲又利用自己的关系，把儿子分配在校医院。对 L 的父亲来说，可以说顺心如愿，功德圆满。

对儿子来说，当医生也不错，工作稳定，在社会上找到了立足之地，与芸芸众生比较，不失为一个较好的选择。但是 L 心中有自己的缺憾。

第一，此生的重要决定都是由父亲做出的，自己像一颗棋子任由父亲摆布，只是在按父亲的意愿一步步走下去，完全没有按照自己的主意走过。

第二，L的兴趣和特长在文学方面，内心很想做个与文字有关的工作。而他现在的工作，虽然从社会意义上来看也很不错，终究非本意。

因此，人生的选择没有绝对的对错之分，但需要遵循的核心就是你的人生到底需要什么？这与人生的满足感和幸福感乃至成就感息息相关。

假设L在报考大学的时候，跟父亲有争执，最后父亲尊重儿子的选择，让L去考个偏向文字方面的专业，中文或者新闻专业。大学毕业之后，L有可能从事文字方面的工作，比如新闻记者什么的。这个工作也许没有当医生稳定，也许跟当医生差不多，但是毫无疑问的是，后者不管如何，即便是很失败的职业经历，终究是L所向往的工作，无疑比当医生更具满足感。

这个案例中，父亲与儿子的选择，从社会意义上来说，都是正确的答案，差异是哪个答案对L的人生更有意义。

但生活中的问题往往并不是选A选B都正确，而是选错一步，就误了一生。

还举导演李安的例子。李安是台南一中的校长李升的长子，从小学到中学成绩都很差。他对高中的印象，除了上课，就是补习。帮他补习的老师，全是台湾中南部的名师，但他的成绩总是不见起色。第一年考大学，李安以6分之差落榜，第二年重考，再度以1分之差落榜，第三年才考上台湾国立艺专影剧科。

李安在小学三年级就自编自导话剧，但是在“万般皆下品，唯有读书高”的年代，这个特长显然不值一提。李安的父亲不希望儿子从事这种“下等”职业。虽然高一时李安就对父亲说：“其他的科目我都不喜欢，我想当导演。”但父亲不以为然。

考上艺专，是辜负父亲期望的，李安长久以来对父亲总是抱着愧疚之意。艺专毕业后，李安想去国外念电影专业，父亲答应他的初衷也是希望他去拿个博士学位，然后成为从事电影研究的学者。

考上艺专，对父亲来说不值一提，跟考上其他三流学校并无区别，根本未达到父亲的期望。但对李安来说，是灵魂的一次解放。他那时才发现，原来人生不是千篇一律地读书与升学，他可以学芭蕾、写小说、练声乐、画素描，遨游在艺术的海洋里。

追寻李安的成功之道，关键的一点在于 16 岁时，他敢于对从不敢反抗父亲说“我想当导演”。而有着传统士大夫情结的父亲，也没有逼迫儿子去读政治学、经济学乃至当个什么学究（在父亲眼里，这些肯定是比当导演要靠谱和有出息得多）。否则，李安可能什么都不是，或者活在一种被动的屈辱的人生之中。他说：“我可以处理电影，但我无法掌握现实，面对现实人生，我经常束手无策，只有用梦境去解脱我的失败感。”

L 和李安比较，算是个全才，没有特别的偏科，读文科可以，读理科也可以，当记者能行，当医生也凑合，区别只在于能否顺心如愿，有没有在自己最拿手的方向上实现一番成就。

而李安属于偏才，或者说专才。他偏科，第二次重考，数学甚至只考了 0.67 分（满分是 5 分），如果李安没有选择在电影艺术上发挥特长，也许他在其他社会工作中都是失败者。

偏才或者专才很容易遭到扼杀。如果你发现你的孩子属于偏才，或者有偏才倾向，你就要注意了，他有可能是不名一文的石头，也有可能是价值连城的玉石，看你怎么雕琢了。

很多家长像L的父亲和李安的父亲一样，根据自己对社会分工的认识，心中为孩子规划好了未来的发展方向。这种规划往往并没有尊重孩子的愿望，也没有考虑孩子的兴趣和特长，而是基于自己的人生阅历，乃至在朋友面前说起孩子时的那份虚荣的方面来考虑的。从生计考虑，L的家长觉得医生不愁饭碗；李安的父亲属于传统知识分子，认为儿子当学者符合自己的期望。还好李安的成绩太差，他的父亲抱着恨铁不成钢的遗憾心态，允许李安考取艺专。

这样的例子很多，父母在教育系统的，子女也往往在教育系统；父母在公务员系统的，子女往往也是公务员。原因很简单，一是父母对本系统熟悉，孩子可以借助父母的关系；二是父母心中早有规划。倘若在这个过程中，家长与子女皆很满意，不亦乐事。但这里面难道就没有一部分L吗？难道就没有一部分李安吗？肯定有。因此，习惯了大包大揽的家长这时候要三思。

Part2

如何引导孩子做出正确的选择

前面所谈的是子女的专业选择和职业规划，这些选择是人生中最重要的选择，亦是人生所有选择的缩影。实际上，在孩子的一生中，与父母关于选择的冲突很早就开始。从买一个什么样的玩具，到报什么兴趣班，乃至将来工作的地点，找什么样的配偶，无不充斥着两代人的冲突。在这场战斗中，没有谁是绝对正确的。作为父母，要尊重孩子的选择，因为孩子的人生是由孩子来完成的，父母的设计未必适合孩子的天性。

那么，如何尊重孩子的选择？如何在尊重中纠正孩子的错误选择？如何引导孩子做出正确的选择呢？有一些规律必须掌握。

对孩子的选择，先要明白其目的何在，才能判断对错。比如说带孩子到商场买玩具，孩子一定要买变形金刚，而对父母推荐的小恐龙不感兴趣。这说明孩子在选择玩具方面有自己的喜好，在条件许可的情况下，父母没有必要把自己的选择加在孩子头上。

又比如说孩子要买一个特别大型的昂贵的玩具，这时候孩子的目的可能是要大的、酷的、奢华的，来满足自己的虚荣心。这种行为不宜鼓励，父母可以引导他的选择，给他说清楚东西太贵，父母买不起，可以鼓励他选择价格适中而他也喜欢的玩具。这样既可以让孩子明白父母的不易，又尊重了孩子的意愿，而不助长其为所欲为的性格。

暑假了，很多父母自然而然地为孩子报名参加培训班，例如奥数班、英语班、钢琴班、美术班、写作班等，似乎暑假就是孩子的第三学期。父母这样做，一是升学压力大，希望孩子考个好学校；二是别的孩子都上了，家长在跟风。有的孩子其实不想上，想好好放松放松，却不得不去参加各种辅导班。这样做，可能对孩子的成绩有一些效果，比如补习就是为了考上大学，考上大学就是为了找工作，找到工作就万事大吉了。任何事情都有利有弊，在这种为眼前利益的忙碌中，孩子也失去了更广阔更有趣的人生体验。

如果孩子不愿意上补习班，你问他有什么打算？孩子想出去走走，

……有节制地尊重孩子的意愿，但不助长其为所欲为。

开阔开阔视野。父母在条件允许的情况下，可以带孩子到周边乃至稍远的地方，感受一下大自然，感受一下不同人群的生活状态。对父母来说，是一种天伦之乐，对孩子来说，又何尝不是一种学习？也许你还能发现孩子的特长和理想，也许还能开发孩子的艺术潜能。父母面对孩子的要求，有时候要从长远来考虑，拘泥于眼前，未必是最好的选择。把他的时间全部交到老师手上，其实是一定程度上的不负责任。

现实中孩子的选择往往很复杂。Y 是高二学生，在非重点中学读书，成绩中等。由于 Y 对美术感兴趣，高一的时候，他妈妈便让他去上了美术培训班，并计划将来报考美术院校。到了高二即将结束时，Y 却想放弃学美术，想报考普通院校。父母急了，说学了两年放弃多可惜，非要他坚持学下去。双方僵持不下，于是来咨询我。

我对孩子以前对美术有兴趣而现在非常反感的原因做了了解。我看了他的一些美术作品，便明白了其中奥秘。我问："你在美术培训班，是不是就是机械地画一下石膏素描，自己也不知道该怎么画才更好，怎样才更有进步，浑浑噩噩的，导致最后连兴趣都没有了？"Y 很兴奋地说："就是呀，老师很少来指点我们，即便指点了，我也听不懂，所以我现在很怕画画。"他的兴奋是因为我理解他的苦衷，而他的父母不理解，只觉得一年 6000 元的学费白白浪费了很可惜。

真实的情况是这样的：Y 从小喜欢画画，对色彩、图案等具有先天的兴趣，喜欢在作业本上画画。这种天赋和兴趣颇为难得。但是他上的是当地一个美术名师培训班，不是一对一上课，而是集体上课，老师面对的是报考美术院校的高考生，学的是专业素描。可想而知，这种枯燥的素描，又不是一对一辅导，Y 很难理解老师的讲解，结果连原有的兴趣都被扼杀了。

所以在此我要奉劝家长，如果你的孩子只是随性的天赋，没有达到成熟的专业水平，千万不要盲目送孩子去上枯燥的专业班，那只会扼杀他的创造力。如果Y不把报考高考美术专业作为目标，学画漫画类的东西，也许可以学成一技之长。

针对Y现在的情况，我对他的家长指出两点：

第一，还是答应孩子放弃美术，以他现在的反感程度，十头牛也拉不进去。关键是，继续学，仍然是浑浑噩噩的状态，没有进步的余地，除非有一对一的很善于做心理辅导的专业老师，但这样的老师很难找到。再说，以他现在的水准，再学一年，离考美术专业院校的距离也还很远。

第二，Y现在的兴趣转移到写作上。他带了几篇自己写的作文给我看，作文虽然写得有点空，但是从中可以看出他有语言的天分。如果加以点拨，有很大的上升空间，比那种写作章法很好但是文采不足的学生有潜力。

于是我建议家长尊重孩子的选择，让孩子放弃美术专业，报考一般的院校，最好是偏向文科专业，孩子更有发挥余地，在写作上多鼓励他，有条件时可以请老师单独指导。

这个例子可以看出，家长对孩子为什么要做出这样的选择必须搞明白，不懂的可以咨询一些专家或者老师，把孩子的选择调整到最适宜孩子的方向，否则对孩子的成长无益。

面对孩子的选择，要着眼于整个人生，不要太计较眼前得失，特别要克制一时的虚荣。著名作家铁凝从小就对文学情有独钟，1977年

……把目光投向远处，着眼于一生的规划。

高考，尚在农村的铁凝希望去上大学，而且她觉得要上就得上北大中文系。她揣着已经发表的几篇小说，乘火车跑到北大，将小说交给中文系办公室的老师，说她数学不好，但是能写小说，是否可以特殊对待。

后来北大中文系的老师给她回信，欢迎她去北大学习，希望她今年就来报考。但是河北的老作家劝铁凝留下来，他们说，中文系不是培养作家的地方，你是想当作家还是想当一个北大中文系的毕业生？铁凝想了想，说我还是想当作家，最后放弃了上北大的念头。这给她父母出了一道难题，她母亲坚决不同意，一次次伤心流泪，对女儿又疼又恨，气哼哼地说：你就去当你的“女高尔基”吧。在父母的眼里，北大中文系毕业生确实要比“女高尔基”风光得多，但铁凝的文学成就证明了她的选择是正确的。正是因为她能着眼于一生的规划，才敢于舍弃当个北大学生的虚荣心。

综上所述，家长在尊重孩子的基础上，引导孩子做出正确的选择，其实需要很高的见识；需要对孩子人生意愿的尊重，需要有对长远利益和暂时利益的区分与割舍，有时还需要听取旁观者的意见。你可以给孩子一个看似完美的规划，但如果他不快乐，又有什么用？

22 TRAINING MANUAL FOR CHILDREN

做个有游戏感的快乐家长

家长有快乐的生活态度，才谈得上去培养一个快乐的孩子。最好的办法当然是游戏，这游戏也不是真正的游戏，而是体现了游戏精神的活动。父母和孩子之间不要那么严肃正经，父母不要用命令的、苛求的方式对待孩子，可以采用游戏、比赛、相声、段子等方式，让孩子从中学会快乐，同时也学会快乐的人生态度。更重要的是，在这个过程中，教育和沟通将变得更加容易。

Part1

让孩子快乐，先要自己快乐

对很多父母来说，早上起床后就跟打仗一样，要送孩子上学，还要上班，总是匆匆忙忙。但是孩子喜欢磨蹭，家长就命令孩子，赶紧穿衣服，赶紧刷牙，赶紧洗脸，为了赶时间，就会训斥孩子，甚至动手打孩子。一天中美好的早晨，却充满了妈妈的叫喊声和孩子的哭闹声。总之，每天早上都要经过这么一番战斗，然后与孩子不欢而散，有时和孩子分别时他的脸上还挂着泪珠。这对于大人和孩子都是一种折磨。

很多人习以为常了。但是，如果换个角度来看，为什么不能把这个过程变成一种快乐的享受呢？我们来看看有游戏感的家长是怎么做的。

早上闹钟响后，妈妈说："儿子，起来，跟爸爸一起比赛穿衣服，谁赢了谁就有好吃的。"爸爸故意输给孩子。然后比一比谁的牙齿刷得白。早餐之前是不是玩个什么游戏呢？跟爸爸比一比昨天背的唐诗等。如果你把每个环节都设置成与孩子一起玩的游戏，那么，每个早晨都会听到孩子的欢声笑语，你不会觉得那么累，孩子也快乐。

当然，这里的"游戏"，并不是指我们通常所说的游戏，而是体现了游戏精神的活动，这需要家长拥有乐观向上的生活态度。这种态度大人要先建立起来，才能传递给孩子。这种快乐的生活态度也许只是体现在一句话里。平时你说："孩子，赶紧起床，要不然迟到了，老师又骂你。"今天你也许可以说："嘿，宝贝儿，猫咪都在叫你起床了，听说你最近会自己穿衣服了？"这种态度的转变，能让一项任务变成一个游戏或一个玩笑那样轻松。

这种心态的建立，当然是为了快乐，为了家长的快乐和孩子的快乐。孩子在成长期间，我们要让他确立一些基本观念，要让他具备一些能力，更重要的是让他拥有快乐的童年和快乐的青春期。不是吗？千万不要认为在童年逼他学习，逼他吃苦，是为了他长大后能过得快乐。有些人，长大后在事业上很成功，但很多过得很累的、得了抑郁症的也是这种人。

可以说，小时候不快乐，长大了总会留下阴影，甚至长大后永远找不到快乐的秘诀。因为财富与社会地位并非快乐的真正源泉，快乐的源泉是懂得生活，拥有健康的快乐理念。我们的孩子，他成人之后是否过得快乐，我们不能掌握，但是在他成人之前，我们有责任在培养他各种能力的同时，也让他拥有快乐的童年和青春期。

我相信很多父母现在还没有找到快乐的生活态度，就更谈不上与孩子分享快乐了。你整天一张苦瓜脸，整天忙着自己的那点工作，整天不苟言笑，孩子能从你那里分享到一点点快乐的秘诀吗？不可能。你想想，自己为什么不快乐呢？是因为我们太在乎自己那点事业了。

比如今天工作不顺，还挨领导的批评，可能会影响以后的晋升，回到家，自然没有心情陪孩子说笑。我们这一辈人，其实在小时候和

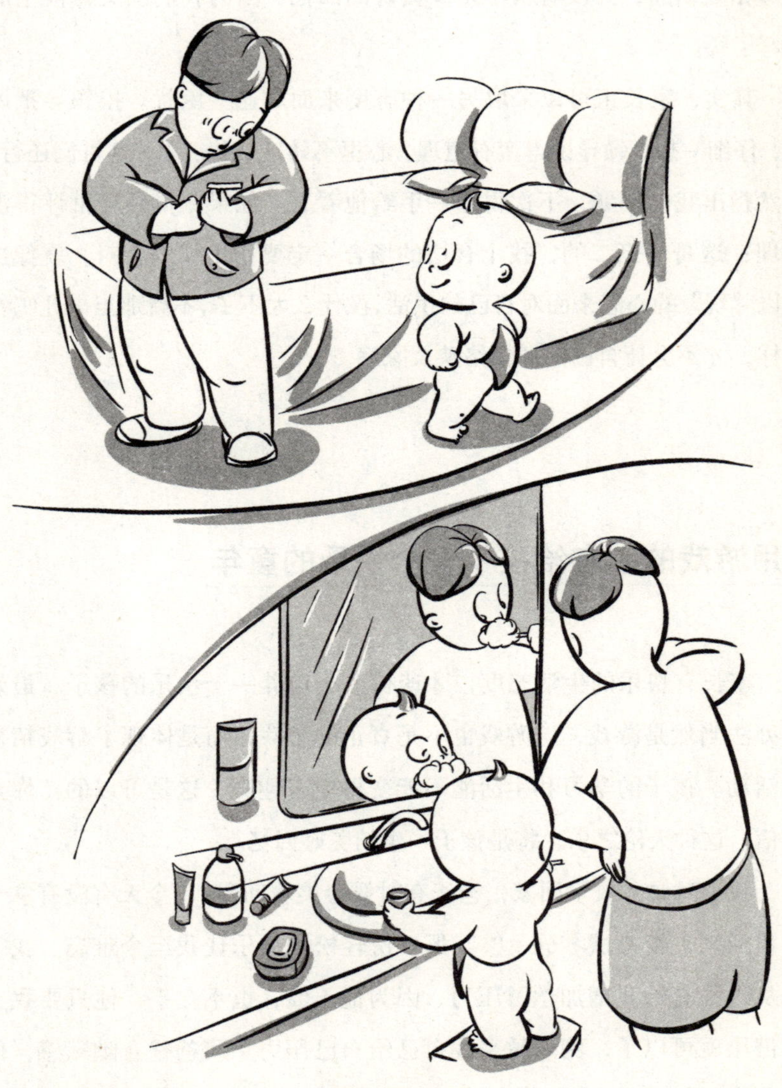

……如果你有游戏感，那么每天早晨你就不会觉得那么紧张那么累。

父母相处期间，并没有留下多少美好的回忆，因为我们的父母被生活压弯了腰。

其实，家长也可以采取另一种态度来面对这些困扰。挨领导批评了，仔细一想，领导说得蛮有道理，心里不妨这么想：嘿，这哥们还行，居然指出我的问题，下次得露一手给他看看。如果觉得领导批评得没道理：这哥们挺二的，找个合适的场合一定要指出他的不对。就像这样以“玩”的心态来面对自己的生活，没什么大不了，不就那点事儿吗？这样，才不会让自己的坏情绪殃及家庭。

Part2 用游戏的心态给孩子一个快乐的童年

家长有快乐的生活态度，才谈得上去培养一个快乐的孩子。最好的办法当然是游戏，这游戏也不是真正的游戏，而是体现了游戏精神的活动。孩子的学习和生活能不能变得更有趣呢？这是可以的。你要相信，这种天伦之乐，将是孩子一生的美好回忆。

我小时候，放学回家，爸爸有时候会笑着问我：“今天有没有拿个鸡蛋回来（指考试零分）？”那一份轻松和快乐让我至今难忘。我爸爸从来没有给我增加学习压力，因为他不懂，也不在乎，他只要我身体健康就可以了，倒是后来我自己给自己压力。我爸爸有幽默感，他跟我说每件事都会用最幽默的方式，用一些俗语来比喻，逗我笑，这种幽默感后来直接传给了我。跟我爸爸在一起，我总是能感觉到快乐。

我爸爸很穷，供我上大学很困难，要靠亲戚的帮助，但是他的乐观给我很深的印象，也给了我很多快乐。

父母和孩子之间不要那么严肃正经，父母不要用命令的、苛求的方式对待孩子，可以采用游戏、比赛、相声、段子等方式，让孩子从中学会快乐，同时也学会快乐的生活态度。更重要的是，在这个过程中，教育和沟通将变得更加容易。

我的一个朋友，他经常和他儿子一起看玄幻小说，一起拿里面的主人公开玩笑，父子之间有很多共同语言。周末和儿子一起去爬山时还要比赛，还有奖品，那种快乐确实是家庭关系中难得一见的。我们自己想想，我们喜欢"严厉的父母""让我害怕的父母""很少跟我交流让我很孤独的父母"，还是"快乐的父母""风趣的父母""一辈子教我开心的父母""老是跟我玩成一片的父母"？我们喜欢什么样的父母，我们希望拥有怎样的成长期，相信我们的孩子也同样需要。

另外，你不能用乐观的态度对待孩子，是因为你把孩子的教育看得太严肃、太严重了。孩子调皮不听话，不去上学，跟你背道而驰，你觉得很不好，后果很严重，当然就不能用轻松的态度来对待孩子了。

实际上有没有那么严重？根本没有。懒惰又怎样，捣蛋又怎样？教育是长期的事情，不是一朝一夕的，放松下来，用更宽容的态度来对待孩子的缺点，找到孩子出现问题的根源，然后用兴趣法来改变孩子。实际上，我们谁小时候没有犯过错误？任何时候，面对孩子的问题，要对自己说，没什么大不了的，要用快乐的方式，悠着点矫正他。

总之，给孩子一个快乐的童年，让孩子学会快乐的生活态度，这也是家长应该做到的。你每天晚上睡前想一想：今天我跟孩子玩了多少次游戏？哪怕是比赛谁最先穿好鞋子的游戏。如果一次也没有，你就应该反省了。

TRAINING MANUAL FOR CHILDREN 23

哭是孩子的天性，强行制止有害无益

孩子的欲望得不到满足，有了不满，有了压抑，有了痛苦，就哭了。家长怎么办？有的家长慌了，第一反应就是不让他哭。其实没必要，哭一两声没什么大不了，练练嗓子而已。让他哭，让他排解一下情绪。我们成人事业不顺感情不和的时候也要哭几回，孩子比你更没理智，怎么能不让哭呢？不能剥夺孩子哭的权利。

Part1
不要剥夺孩子哭的权利

快乐教育、快乐生活是家长和孩子的理想状态。有的家长说，我很难长期做到。其实，偶尔为之就很好，一家人其乐融融的画面永远定格在孩子的心中，这些将给孩子留下美好的回忆。我所说的任何一种方式都不是要你每天都这样做，或者一定要做得很完美，那不可能，但是你必须有这种意识，知道这样做对孩子的身心健康有好处，该做的时候就要做。

孩子的成长需要快乐和轻松，但实际上，令父母揪心的是孩子的哭声，从一出生哭声就陪伴着孩子。今天为这个哭，明天为那个哭，很多父母最怕听到孩子的哭声，孩子一哭就慌了。怎么才能让他不哭，让他只有笑声而没有哭声？

这个问题的答案是，孩子哭没错，家长的认识有误区。

很多父母一见孩子哭了，第一反应是制止孩子哭，想方设法去满足孩子的无理要求，目的只有一个，让孩子别哭。可是哭有那么可怕吗？有谁听说过孩子哭一哭会导致什么严重的后果吗？没有。孩子哭没那么可怕，他从一出生就哭，哭是他正常的一种情绪发泄。哭伴随着每个人的一生，有时候我们成人也要哭一哭来缓解情绪和压力。哭与笑一样，是人的两种不同情绪。为什么他笑的时候你不去制止而哭的时候要去制止呢？你要明白，孩子哭不可怕，别慌，别着急，让他哭一下，舒缓一下情绪，再来解决实际问题。

我们要了解孩子为什么哭。举个例子，孩子要去爬阳台，这是很危险的，有可能掉下去没命。父母的理智在警告，绝不能纵容孩子的这种行为，一定要制止。但对孩子来说，他想爬阳台，那是他的一种好奇心，这种欲望驱使他根本不去想危险不危险。父母的制止扼杀了孩子的这种欲望，孩子的欲望与父母的理智形成冲突，孩子哭了。

认识这一点很重要，孩子无理的哭几乎都是因为孩子不合理的欲望与父母的理智产生冲突，孩子认为父母有意阻止他，所以用哭来抗议，来发泄不满。这就是大部分孩子哭的原因，比如他要去玩很容易摔碎的贵重物品，他要吃一些不能吃的东西，他要得到他不该得到的东西，等等。家长认为，这是孩子的非理性欲望，有责任去纠正他。

孩子因为欲望得不到满足，有了不满，有了压抑，有了痛苦，就哭了。父母怎么办？有的父母慌了，第一反应就是不让他哭。其实没必要，哭一两声没什么大不了，练练嗓子而已。让他哭，让他发泄一下坏情绪。我们成人事业不顺感情不和的时候也要哭几回，孩子比你更没理智，怎么能不让哭呢？不能剥夺孩子哭的权利。你要认识到，孩子也是个人，孩子的成长过程会有不断的非理性欲望冒出来，这是他的天性，这些非理性欲望会不断地被压制，所以他必须承受欲望得不到满足的痛苦。他通过哭一两声，哭出高潮，先把不满发泄出去。

Part2

找准教育孩子的最佳时机

孩子哭过后，父母的理性教育就可以开始了。为什么要等他哭完呢？假如我们要去说服某个人，千万不要在他气头上去说，没用的，那时候他处于情绪高峰，听不进去任何话。必须等他气消了，心平气和的时候再跟他讲道理。孩子也一样，必须等哭的高潮过去。有的父母看孩子哭兴正浓，慌了，赶紧做工作，结果事倍功半。再加上处理方法不当，这时候有什么要求都答应他，反而被孩子抓住了弱点，以后想要什么就用哭来吓唬你，哭成为了孩子的杀手锏。

所以让他哭，必须等他哭的高潮过去后，能听进一些话的时候，再开始跟孩子讲道理。像前面孩子爬阳台的例子，父母可以心平气和地跟孩子说："这阳台你爬上去，会摔下去的，你摔坏了爸爸妈妈怎么办？以后不要爬了，爸爸妈妈也不敢爬。"用孩子能听懂的方式讲，不管孩子能听进去多少，甚至当耳边风，你也要这么讲，讲多了，他总能听进去一些。你坚持这样做，让他习惯你的方式，他就明白他哭完之后，你就要跟他讲道理了，他知道这个道理的重要性，就能把道理当回事。

对待孩子的哭，有的父母采取软的办法（答应他无理要求），有的父母采取硬的办法（使用暴力），都不是解决问题的好方法。以理服人，才是王道。在实际中你可以灵活运用，比如说在他接受道理之后加一点奖励等。

说到这里，你可能会明白，现在让孩子哭一下，是为了让他以后少哭。你想找到一下子制止他哭泣的做法，只会导致他以后更经常地哭，

……等到哭的高潮过去后，再开始进行教育才有效。

以哭来要挟和耍赖。

因此对孩子的这类问题，我们最好不要针对问题的表面去纠正，而是要针对问题的根源来矫正。孩子正在成长中，习惯几日一变，性格几日一变，如果父母只看问题的表面，慌了手脚，头痛治头，脚痛治脚，天天都处于忙乱和烦躁中，愁眉苦脸，心力交瘁，哪还有精力来教育孩子呢？

TRAINING MANUAL FOR CHILDREN 24

玩具太多，反而会剥夺孩子的快乐

设身处地想一想，如果我们一生下来，想要什么都可以得到满足，生活还有什么乐趣？没有欲望，没有追求，在成长期对一切都麻木了，这样的人生有什么快乐？还不如生长在一个穷人家庭，凭借自己的能力，创造一份财富，哪怕是小小的财富，都能得到大大的快乐。

Part1
有限的玩具更能玩出乐趣

有个八九岁的孩子，小小年纪就觉得人生没有什么乐趣。同龄的孩子活蹦乱跳，贪吃贪玩，对世界充满好奇。他走在街上，除了对大型的玩具略有感觉之外，对其他的东西都没有兴趣。因为他有两三个房间的玩具，别说玩，就是看都看腻了。他从小有什么愿望，都能得到满足。家长自认为是在爱孩子，自己家境好，让自己的孩子比别人的孩子拥有更多的玩具，更多的优越感。除了天上的星星，凡是别人家孩子能有的他都唾手可得，于是他厌世了，觉得活得真没劲，甚至产生了自杀的念头。

这不是杜撰，而是一个残酷的事实。我相信很多家长看到这个例子之后，也会有同感——自己的孩子虽不是这么极端，但也有这个倾向，过分的物质给予使得孩子以为他天生就可以拥有很多东西。

想要什么就给什么，这种做法当然可以显示家长的慷慨富有，甚至是表现自己生活奢侈的一种方式。但这种做法的背后是这样的一个事实：你剥夺了孩子得到乐趣的空间，剥夺了他成长的空间。

设身处地想一想，如果我们一生下来，想要什么都可以得到满足，生活还有什么乐趣？没有欲望，没有追求，在成长期对一切都麻木了，这样的人生有什么快乐？还不如生长在一个穷人家庭，凭借自己的能力，创造一份财富，哪怕是小小的财富，都能得到大大的快乐。哪个孩子更幸福呢？答案不言自明。

Part2 有条件的给予利于培养孩子的财富观

英国一份调查数据表明，玩具较少的儿童，会更多地与父母形成亲子沟通，将来会有更强的行动能力。因为他的玩具不多，只能把这些玩具玩出乐趣，玩到极致，同时玩出能力。玩具较少的孩子，有更多的时间听父母讲故事，有更多的时间阅读，或者参加其他户外活动，等等。相反，拥有很多玩具的孩子，他每天只把玩具搬来搬去就搬不完了，根本无暇沉浸在单个玩具的乐趣中，更不可能在玩儿中提高学习的能力。

调查发现，现在多数家庭，特别是城市家庭，孩子的玩具泛滥。父母自己会买，爷爷奶奶姑姑乃至同事朋友会把玩具当礼物送给孩子，甚至在购买奶粉、儿童用品时也会附带赠送玩具，很多孩子的玩具处于过多的状态。于是他玩的时候就蜻蜓点水，跟狗熊一样见了西瓜把玉米扔掉。这些玩具只是满足他的占有欲，并没有让他真正享受到玩具的乐趣。家长应该根据实际情况，削减玩具数量，鼓励他把部分玩具赠送给其他缺少玩具的小朋友，留下一些益智玩具，让孩子在玩的过程中充分得到乐趣。

不管家里有多少玩具，孩子看到新奇的玩具，总还会要求父母买。

家长心里要有谱，如果孩子已经有很多同类玩具了，还要再买只不过是一种贪婪的习惯，应该婉转拒绝，用节约等道理说服孩子，千万别无条件听从孩子的要求。

其次，如果觉得这个玩具有必要买，也不能够无条件地给予。不论你多么富有，都要跟孩子强调得到这个玩具要花钱，不要让他觉得街上的东西随时可以搬回家去。同时要有条件，妈妈给你买一个玩具，你能给妈妈什么作为回报，哪怕是一个小小的承诺，比如说要好好吃饭呀，要按时睡觉呀，等等。

为什么要这样呢?

第一，要让孩子知道任何获得都是需要付出的，世上没有免费的午餐，即便在一个富裕的家庭，这个观念也很重要。

第二，孩子经过努力争取后得到的东西才会显得珍贵，他才会珍惜，买的玩具也能物尽其用，不然你买回去他玩上5分钟就扔掉。

更重要的是，他通过一番努力获得一个玩具，这个过程是个痛苦（努力）与快乐（回报）交换的过程，呈现出人生所有努力的模式。与此相反的是不劳而获。家长们应该明白这两种不同的模式在孩子心中建立后，孩子长大后会有怎样的区别。

我见过一个农村孩子，母亲从小对他极为溺爱，对于孩子的要求，如果自己做不到，就去别人那里借钱，想尽办法来满足孩子的要求。母亲成为孩子的摇钱树和万能钥匙。最近听到消息，由于母亲不能满足他索要的钱财，他开始用暴力对待母亲。

相反，国外的一些富豪并不会把钱财无条件让孩子继承，而是会委托有关机构，在孩子到了某个年龄或者出现某种状况时，才允许孩

……有条件地给予，哪怕只是答应按时睡觉这样的小小承诺。

子继承财产。比如已逝的音乐天王迈克尔·杰克逊，他留给孩子的财产，在孩子三十岁之前每年只能支取有限的抚养费，三十岁后才可以把继承的财产全部取出来。只有在三十岁之前过普通的生活，才会珍惜和享受三十岁之后富裕的生活。如果在孩子十几岁的时候，就把巨额财产交到孩子手里，只会把他的胃口堵死，剥夺他的人生乐趣，并给他带来灾难。

我们应该明白，有条件的给予和无条件的给予，在孩子的人生道路上区别有多大。

在孩子成长的过程中，不仅仅是玩具，任何东西无条件地给予，或者给予太多太满，都会剥夺孩子成长的空间。玩具是个比喻，可以引申到零花钱、给孩子的财产等。现在有钱的家庭多了，因此很容易把在交际场合的大方慷慨运用到孩子身上，以钱示爱。家长在这方面要警惕。当不可避免地涉及到金钱时，必须从小培养孩子的财富观，财富观与人生观一样重要。

TRAINING MANUAL FOR CHILDREN 25

电视不是不可以看，就看你怎么看

孩子的任何兴趣，你引导对了，可以变废为宝；你引导错了，只会产生弊端。看电视本身并非什么错误的行为，只是过度看电视会产生一些副作用。孩子看电视的时候，父母最好陪同观看。千万不要认为这是多此一举，陪同观看是有目的的。一是启发孩子，有助于孩子对故事的理解，相当于电视阅读；二是可以培养孩子辨别电视节目好坏的能力。

Part1

适度看电视，是孩子认识世界的途径

一些专家宣称，最好让孩子远离电视。

一部分家长认识到电视给孩子带来的弊端，就像防火防盗一样防止孩子看电视，甚至有的家庭为此不买电视，不安装闭路线，为了孩子割舍一切。另一部分家庭，孩子放学回家后，就让孩子看少儿节目，家长趁机做饭炒菜，各不耽误。

当然，更多的时候存在矛盾。父母觉得看电视对孩子不利，而孩子偏偏对电视着迷，双方的战争旷日持久。因为电视，每日里打骂声不断，也因为电视，孩子在欲望和禁止之间痛苦不堪。有的孩子在书房里做作业，为了能看一眼电视，故意到客厅里来拿个水果，或者故意上卫生间，乘机偷偷瞄上几眼。

看与不看的矛盾一定要变得如此激烈吗？我看未必。孩子的任何兴趣，都是孩子的学习机会，你引导对了，可以变废为宝；你引导错了，只会产生弊端。看电视也一样，看电视本身并非什么错误的行为，只是过度看电视会产生一些副作用。那么让孩子适度看看电视，既是一个人在当下社会中不可避免的活动，也是孩子认识世界的一个途径，有必要杜绝吗？

我要提醒家长，对于专家提出的任何一种建议，我们在实际的运用中一定要先用辩证法分析，理解透彻了再实践，千万不能一刀切，那样自己累孩子也累。专家说看电视对孩子的成长不利，你家里就不买电视，从幼儿园、小学到中学，把孩子隔绝在电视之外，到头来你只会发现，你的孩子掌握的信息量比别的孩子要少很多。所以千万不要绝对化，专家仅仅是从科学角度分析而不是从生活角度给出建议，而我们的任何做法必须从现实生活出发。

谈孩子看电视的问题，我们先分析看电视的弊端，再来分析看电视的必要性，然后再做权衡。

弊端一，长期看电视对大脑发育不利。

科学家根据实验发现，人在看电视时的脑电波和睡眠状态下的脑电波非常相似，大脑无需去主动反应，身体也处于一种松懈状态。每天长时间处于这样的状态，对少年儿童的大脑发育非常不利。特别是与阅读相比，看电视对人脑的刺激要小很多。因此学龄前经常看电视的儿童，与经常阅读或听故事的儿童相比，智力上会有所差异。

弊端二，看电视会占用孩子的学习及参与其他活动的时间，这是许多父母非要把孩子从电视机前赶到书房去的原因。

弊端三，看电视会影响视力。

弊端四，看电视会形成惰性。孩子老在电视机前待着，容易形成依赖，离开电视就无所适从。现实中需要付出行动和努力的活动，对他来说都没有兴趣，这种惰性会导致孩子形成害怕困难的畏缩性格。

这里需要强调的是，只有在长时间看电视的情况下，才会产生这些弊端；适度地看，未必如此。就如饮食的道理，大量吃某些东西，会引起身体的不适；适当地吃，却能补充身体必需的营养。很多父母一听说看电视对孩子有不良影响，马上禁止孩子看电视，这是对问题理解不透，对专家的警告风声鹤唳，其实很没必要。那么，明白了看电视的弊端，还要再了解适当地看电视对孩子有哪些好处。

好处一，适当地看电视，有益于孩子补充知识，增长见识。在幼儿期，一些孩子的行为规则，就是从益智电视节目中学到的。比如一些孩子在两周岁左右学会自己大便，自己吃饭等，很多是从幼儿节目中学到的。孩子在小学中学期间，电视节目的科教片、新闻片乃至一些电视剧，都是孩子补充课外知识、了解社会的好助手。

好处二，可以激发或者培养孩子的兴趣。通过有益的电视节目，孩子会明白自己的兴趣点在哪里，以及要往哪一方面努力。

当然，并不是说只要看电视就有这些好处，而是适度地看，家长有效地引导，就会有这些好处。看电视有学问，这个就跟吃药一样，吃对了药，吃对了药量，是治病的；吃错了药，吃的药量不对，是伤身的。所有的学问只要你掌握了原理和目的，这个学问就不深奥了；反之，不明白目的，稀里糊涂，学问不仅很深奥，而且你一辈子都弄不明白。如果我们能去除看电视的弊端，发挥它的优势，也能把看电视变成有益的活动。

Part2

把看电视变成有益的活动

孩子经常看电视，对大脑发育不好，因为电视的动态图像是让孩子被动去感受内容，而少有想象的空间，比起看书、听故事等活动，大脑处于懈怠状态,这对智力发育不利。很多孩子长时间呆呆地看电视,家长不陪同，也不知道孩子看出什么所以然。

举个例子，一个孩子看《喜羊羊与灰太狼》，一年到头看个没完，我问他，这里面有几只羊？几只狼？什么关系？哪个是坏蛋？他一无所知，更别提问他故事情节了。他只是被动观看画面信息，并不做思考判断，养成了没有思考判断的习惯。他可以一年到头地看，并停留在表面的视觉冲击上，这样看电视当然毫无益处。

为了消除这种弊端，可以来用以下这些做法。

第一，孩子看电视的时候，父母最好陪同观看。千万不要认为这是多此一举，陪同观看有很多好处。

一是启发孩子，有助于孩子对故事的理解，相当于电视阅读。例如父母可以发问“主人公这句话是什么意思？”“为什么会发生这种状况？”“你猜下面会发生什么？”“嘿，怎么会有这种结果呢，你说原因是什么？”父母可以从老师、学生乃至朋友的角度，与孩子一起观看，并进入孩子的世界。通过对电视内容的“阅读”和探讨,让孩子开动脑筋,深入理解,这无疑是一种学习。这说明,只要家长愿意陪伴并启发孩子,电视节目是有想象空间的，只是这个想象空间必须由你挖掘出来。

二是可以培养孩子辨别电视节目好坏的能力。现在即便是卡通片，里面荒诞的情节也很多。现实中有过极端的例子，6 岁的孩子醒来后发现父母不在家，便学电视里的超人从六楼阳台上飞下来，酿成惨剧。电视剧里的情节哪些是真的，哪些是假的，哪些在现实中能付诸实践，家长必须点拨，这也是很多电影注明需要家长陪同观看的原因。

三是家长要替孩子选择电视节目。最好是益智的、增长知识的或者培养兴趣的节目，避免让孩子看乱七八糟的儿童猎奇剧。家长在陪同观看时，最好能做出自己的评价，对孩子有所引导，比如评价道“这个节目的内容太假了，主人公做的事乱七八糟的，真不如某一部呀”，等等。孩子是需要意见领袖的，家长的意见自然会对孩子有影响，甚至可以和孩子争论探讨，这都是好事。

有的家长说，这个太难了，哪有那么多时间陪孩子看电视，家务还忙不完呢！实际上，一方面，时间都是挤出来的，绝对没有时间只是个借口；另一方面，陪同孩子看电视，并非要求全程陪同，而是尽量陪同，如果孩子看电视的时间有一半是由你陪同的，那就很有效果了。家长要观察陪同孩子看电视后，孩子有没有变化。如果孩子已经相当自觉，看电视能够达到“电视阅读”的效果，能够有所取舍，家长可以少花点时间陪同。关于对陪同时间的把握，家长要视情况而定。

总之，家长必须有陪同意识，有了这种意识，可以见缝插针地引导，甚至孩子看电视节目时，给他布置作业：“妈妈没时间陪你看，但是你看完后一定要把故事讲给妈妈听。”这比让孩子漫无目的地观看要有益得多。

第二，既然看电视是“惰性阅读”，那么在允许孩子适当看电视之余，要多跟孩子讲故事，多陪孩子读书，避免孩子“偏食”，两者相得益彰，互相补充，就不会形成不爱动脑筋的习惯，还能够消除前面所说的弊端。

第三，限制孩子看电视的时间，不要让孩子变成“电视迷”。看电视会产生弊端，是因为长时间无节制地看，只要有节制，就不会有不良后果。特别是有学习任务的孩子，在学习与看电视之间，家长可以做出合理安排。我不赞成为了学习完全限制孩子看电视，使孩子对电视产

……陪孩子看电视，见缝插针地引导，把看电视变成有益的电视阅读。

生饥渴症，在学习上反倒更不安心。

中小学学生往往对热播的成长电视剧会有追踪的热情，同学间常常议论交流观感。这时候你完全不让孩子看电视，显然让他很难参与到集体的讨论中去。与其堵塞，不如疏导。具体办法是，在孩子答应完成功课的前提下，允许他有限地看电视。父母可以根据内容把自己的评价意见与之交流，分析这部电视剧的优劣，让他的好奇心降到最低。比如说："这部电视剧很烂，内容很假，就是抓住青少年赶时髦的特点炮制出来的，只会让人越看越幼稚。""这部电视剧还可以，看点集中在那条线上，其实你看到这里，后面的内容就能猜出来了，不用每集追着看的。"通过这样的评价引导，孩子自然会有一个相对理性的判断，不会沦为一个没有判断力的追星粉丝。

另外针对视力问题，也有必要限制孩子看电视的时间，包括上网的时间等。这个没有一定之规，以不引起视觉疲劳为准，或者参考眼科专家的建议。

看电视只是孩子业余活动的一种。依此类推，孩子的其他兴趣活动，没有绝对的弊端，也没有绝对的益处，父母需要了解每一项活动的优劣，采取灵活的办法去对待。任何事物，掌握的是个度，如果过度了，好处就会变成坏处，这是相通的道理。而掌握度的能力在于引导，让孩子也有"度"的概念，以达到自我教育的状态，这是最高境界的教育，也是最轻松的教育。看电视如是，其他亦如是。

TRAINING MANUAL FOR CHILDREN 26

让孩子早点和金钱发生关系，但必须是正确的关系

现在的孩子接触金钱乃至花钱的机会越来越多，金钱与孩子的关系密切。但是由于在我们的传统教育中，没有系统的金钱观教育，家长对孩子在金钱方面的态度基本随心所欲，这会酿成种种不良心理，金钱有可能成为孩子的人格杀手，使得孩子要么成败家子，要么成守财奴，要么成消费狂。因此家长要处理好孩子与金钱的关系，培养孩子正确的金钱观，让孩子对金钱保持平常心，既不贪婪，也能认识到金钱的价值。

Part1

不良的金钱观可能成为孩子人格的杀手

钱是好东西，也有可能是坏东西，对于成人如此，对于孩子更是如此。现在的孩子接触金钱乃至花钱的机会越来越多，金钱与孩子的关系密切。但是在我们的传统教育中，由于没有系统的金钱观、财富观的教育，家长对孩子在金钱方面的态度基本上随心所欲，这会酿成种种不良心理，因此要处理好孩子与金钱的关系。

我们先看看现实中孩子的不良金钱观导致的一些问题，家长们就会知道金钱观教育是必要的，明白怎样的教育才能避免金钱带来的副作用，从而使孩子在商品社会里保持良好的人与钱的关系。

1. 有两个刚辍学的中学生，买了钢珠枪，专门在放学路上勒索学生钱财，抢劫手机，然后用抢来的钱财疯狂消费，最终成为少年犯，原因在于这些孩子对金钱太贪婪了。

2. 家住南宁市江南区的张女士倒垃圾时发现，几天前她儿子吵着买的几袋干脆面已被丢在垃圾桶里，而干脆面除了包装袋被撕开以外，里面的面块根本没有动过。面对张女士的“审问”，儿子才道出了其中缘由：他不想吃干脆面，只是想要袋子里的卡通卡片。如今，不少儿童小食品的包装袋内都附带有一些卡片，不少小朋友为集卡片而乱买东西，如此浪费的行为很让家长们担忧。

3. 某儿童进入商场后，看见大型的贵重玩具，缠着家长要买。但父母觉得那是一笔大花销，不值得买，跟孩子说玩具太贵，父母买不起这么贵重的玩具。孩子根本听不进去，当众大哭大闹，弄得父母十分尴尬，买也不是，不买也不是。这是孩子对消费没有概念，认为所有的东西价钱都是一样的。

4. 某少年家贫，但逼着父母给他买一双名牌运动鞋，而且非要那个牌子的。原来他要攀比别的同学，否则会感到自卑。这是以财富论自尊，没有养成对金钱的平常心，被攀比之心牵着鼻子走。

5. 某父母是理财高手，孩子从小耳濡目染，对理财自然比别的孩子在行。孩子对金钱看得很重，自己的储蓄、借贷做得井井有条，做任何事都懂得要报酬，金钱成为唯一的标准。最终父母发现，要孩子做任何事，都跟金钱有关系，甚至用孩子的钱买了东西，孩子也会要求父母还钱。孩子变成财迷，没有人情味，金钱甚至超越母子之情。这是过度的金钱占有欲使之变成金钱的奴隶，他的情感也随之消退，变成毫无情趣的吝啬鬼。

诸如此类的例子，让我们知道金钱有可能成为孩子的人格杀手，而偏颇失当的金钱观教育，乃至与钱相关的其他做法，都有可能使得孩子要么成败家子，要么成守财奴，要么成消费狂。

那么父母应该在这方面如何做呢?

Part2

对占有欲的疏导，要在节制与满足间求平衡

培养金钱观，其实要让孩子打心底明白钱到底是什么东西，钱的本质是什么。有的父母一切以钱为标准，有其父必有其子，孩子当然也是只认钱不认人了。因此父母要对金钱有正确的认识。

第一，孩子对金钱的认识，首先来自于占有欲。孩子对金钱感兴趣，是因为开始懂得钱能买东西，而买东西能实现自己的占有欲。

专家研究表明，孩子 3 岁时就会辨认币值，4 岁就懂得用钱买简单的东西，5 岁就会明白钱是劳动所得，并能进行钱物交易活动。也就是说，这个年龄段就可以开始进行金钱观的教育。

孩子对金钱的占有欲，表现在两三岁的时候，就懂得把家里的钱捡到自己的口袋里，看见超市里的好东西，就认为是他自己的。用一句流行语来说，“我的是我的，你的也是我的”，只要他喜欢。

对孩子占有欲的引导，首先要教孩子分清你的东西和我的东西。不论是在伙伴间，还是在家里，或者是在超市里，孩子对钱物总是不分你我，就一个字：要。这个时候父母不能一味取悦，什么都想办法拿、买、借，以满足孩子过分的要求。长此以往，孩子的占有欲极度膨胀，将来父母不能满足他的要求时，他的人格便会产生扭曲。

家长明白这一点后，在生活细节上就很好做了。比如孩子看到超市的好东西，便要拿回来，你得跟他说，这不是我们家的，这是别人家的，如果你要的话，我们可以拿钱买。比如孩子要小伙伴的东西，一定要跟他解释，这是伙伴的，不是你的，只可借来玩一会儿，不能拿回家。

有的父母舍不得孩子哭闹，就会设法弄一个同样的东西来满足他的要求。这样做不对，得让他哭一次，以后他心里才有数，才能分清哪些是别人的东西，才不会要不到东西就哭。因此，孩子要什么，家长可以权衡给不给，但给的过程一定要让他认识到，别人的东西变成自己的，有一个买卖的过程。

对占有欲的疏导，要在节制和满足之间取得平衡。一味节制肯定行不通，一味满足更行不通。比如说，孩子到超市门口，想要坐摇摇车，而且坐一次肯定不想走，还索要硬币继续坐下去。这时候妈妈要对他分析："好孩子一天只能坐一次，再说妈妈口袋里没有那么多钱了，等明天再坐。"如果纵容孩子一直坐下去，肯定是不好的教育方式。

孩子到了小学中学，零用开支大了，便时常开口问父母要钱。有的父母经济上比较宽裕，自己花钱大手大脚的，也以自己的标准来满足孩子，这个习惯很不好。家长一定要问清楚孩子要钱的用途和数额才能给，否则只会钱多生烦。

对占有欲的疏导，还要让孩子明白金钱的来源。现在在很多孩子眼里，父母天生就应该有钱，东西都是从超市里长出来的。因此，父母给孩子的每一笔钱，都应该让孩子知道是父母的劳动所得，不是天生家里就有钱。有的家庭经济宽裕，不屑于跟孩子交流这些道理，甚至纵容孩子大手大脚花钱的行为，在同学中显示优越感。现在网络上那些"炫富女"，基本上都是这种家庭出来的。他们不管有多么优越的经济条件，都是社会的笑料。

家长若对以上的问题有所注意，孩子基本上可以拥有正确的金钱观，既不贪婪，也能认识到金钱的价值。

对占有欲的疏导，要在节制和满足之间取得平衡。

第二，对金钱保持平常心。这点非常重要，特别是在如今的商品社会里，金钱的诱惑无所不在，孩子很容易被金钱左右。一些贫穷家庭的孩子，会有自卑心理，一些富有家庭的孩子，会表现出一种优越感。在这种环境中，更要教育孩子对金钱保持平常心，否则他为了钱什么事都干得出来。

相对于一些普通家庭乃至下层家庭的孩子来说，这种教育尤其重要。比如前面例子中，为了跟富人家的孩子攀比，孩子会逼父母给自己买名牌，把家里的猪卖了来过生日，这种情况值得深思。甚至有的大学生，父母在家里苦干，他却在学校与同学攀比。

怎么办呢？这时候再来抱怨孩子是没用的，子不教，父之过。平时在经济上不要让孩子有艳羡心态。老是去羡慕别人，就会有自卑心。穷也好，富也好，自己的生活有自己的标准，要以自我为中心。别人买几百块的运动鞋，而他买几十块的，父母要赞赏孩子的这种心态，给孩子自信。对别人的生活标准不去推崇，鼓励孩子通过自己的努力去提高生活水平，这种理念可以贯彻到生活的细节中去。

有时候我们能够看到，一些穷人家的孩子，用有限的金钱去买有限的物质，更满足，更自信，这是对金钱的平常心使然。据说有个父亲，经常带孩子去高档餐厅，但点的都是廉价的菜肴，他是特意带孩子到这种场合锻炼孩子对金钱的平常心。父母们可以依此类推，在适当的场合，让孩子的自信不依托在金钱上，而是依托在以自己为轴心的生活里。

第三，金钱的本质是一种获得生活资料的工具。没有钱不行，但钱也不是万能的，这一点要让孩子知道。很多东西是金钱买不来的，比如亲情。

……用有限的金钱去买有限的物质，更满足，更自信，这是金钱的平常心使然。

如果说对金钱的平常心对于穷人家的孩子很重要，那么认识到金钱的局限性对于富人家的孩子更为重要。富庶之家的孩子，习惯于用金钱来解决问题。父母及其他亲人喜欢用金钱来表达对他的爱，同样，他对其他人的感情表达，用的也是金钱。

比如一个亲戚生病了，叫孩子去看望，他可能不想去，但是觉得包一个红包叫人捎去可以达到同样的效果。甚至父母过生日，他也以礼物来论感情，自己倒未必亲自参与。孩子会这样做，只能怪父母过于强调金钱的用途而疏于对孩子进行情感教育，或者没有跟他说明有些东西是金钱买不到的。这样的人，往往在需要感情时，才发觉自己什么也得不到，原来有钱时呼朋唤友，一朝树倒猢狲散，才知道金钱买不来情意。

因此在孩子的成长过程中，家长需要告诉他什么场合光用钱是不恰当的，比如说同学之间送生日礼物，并非买个贵重的就证明感情深，而是要买合适的，诸如此类，目的是不要夸大金钱的用途。

27 TRAINING MANUAL FOR CHILDREN

孩子财商发达可以作为特长培养

对中国的父母来说，理财教育是一种新型的教育。适度让孩子参与家庭的投资理财活动，独立处理他自己的存款，这也是一种潜移默化的理财教育。但在培养孩子财商的同时，不要让孩子变成金钱的奴隶，这样在钱与人之间，才会有一种健康的关系。

Part1
怎么教孩子理财？

上一节说的是在对孩子进行金钱观教育时，需要认识的几个基本观点。实际上，金钱观要与理财结合起来谈。因为现在孩子口袋里的钱多起来了。一项调查表明，94.4% 的教师认为，目前儿童中存在高消费、乱花钱现象。

家长需要帮助孩子理财，并且在理财中培养孩子正确的金钱观。

孩子到了 8 岁，懂得想办法为自己挣零花钱，懂得要到银行开户，也就是到了可以培养理财能力的年龄了。其实从三四岁开始，就可以让他用储蓄罐储蓄了。

不过，培养孩子的理财观念，并不是对每个孩子都合适，或者每个孩子必须从小就开始培养。我认为以下两种孩子才有必要学习理财。

一种是手里确实有钱的。现在孩子的压岁钱，少则几十几百，多则几千几万，积累起来，必须合理使用。一种是对理财感兴趣，或者财商比较发达的，不妨把孩子的这种特别的兴趣作为一种特长来培养，也算是一技之长，也许孩子将来会成为理财专家、金融高手。

对金钱没有什么感觉，而且手上没几个钱的孩子，如果他没有兴趣，就不要强行灌输什么理财知识和习惯，孩子在成长阶段该学的东西多了去了，没必要满脑子金钱观念，否则将弄巧成拙。

那么，如何进行理财教育呢？

第一，培养孩子储蓄的习惯。孩子年龄比较小，钱不多的时候，可以用储蓄罐储蓄。金钱数目比较大，又不愿意让大人代管的，可以让孩子到银行办个储蓄卡。

储蓄是理财的基础。有的孩子养成了不良的消费习惯，口袋里一有钱就想消费，总之，钱放在身上特别不安心。我见过一个最极端的例子，一个农村青年，在母亲的纵容下，长期养成即时消费的习惯，口袋里从来不存钱，长大后没有钱就到处借，但一有钱就马上花光赌光。既未成家，也未立业，口袋里有两个钱这个晚上就别想睡觉。旁人很不理解，其实就因为他从小没有接受储蓄观念的培养，即时消费观念却根深蒂固。

储蓄是培养零存整取观念的一种方式，而零存整取则是理财的基本手段。这些观念没什么特别之处，但是对孩子特别重要。家长有时候不屑于花时间培养孩子这种良好的理念和习惯，等孩子反其道行之，危害性出来了，才晓得最简单的教育其实是最必要的教育。

第二，让孩子知道金钱的来源。孩子的钱，一般都是不劳而获，是父母、亲朋好友以各种的名义送给孩子的，比如压岁钱呀，生日礼物呀，过节费呀，成人礼呀等。这些钱来得很容易，如果父母不给孩子讲清楚这些钱的来源和意义，孩子就会觉得，只要过年过节过生日，钱就会来了，年年如此。所以你必须让孩子明白，从父母手里拿的钱都是父母的劳动所得，父母要用这些钱来养家糊口，钱里有父母的辛劳，将来孩子长大了，也同样要承担养家的重任。如果是亲朋好友送的，则要让他明白，这些礼物将来他是要还的，并非人家天生就该给他。

……让孩子懂得储蓄，懂得钱财来之不易。

懂得储蓄的重要性，得知钱财来之不易，是理财的两个思想基础。

第三，教孩子理财并引导孩子合理消费。

首先要让孩子适度了解家里的经济状况，初步了解理财的基本手段。比如银行利息，乃至其他适合孩子的投资方式。有些炒股的家庭可适度让孩子参与炒股，只要掌握好度，这也是孩子学习理财、了解社会的一个很好的手段。但不宜沉溺，不宜培养赌博心理，可以从整个股票行情、股市原理方面去引导，教孩子理解投资原则，亏赢都要学会以平常心承受。甚至可以玩大富翁游戏，先在虚拟的环境里锻炼他的投资理财能力，然后在实践中操作，这些都是让孩子学会理财的好手段。

这些理财的方式，一是让孩子手中的钱保值、增值，二是锻炼孩子的理财能力。我的建议是，以不影响孩子学习，不影响发展其他兴趣为前提。事实上，在具体操作时很多家长会心生疑惑甚至惶恐。因为有的孩子一看到"玩钱"这么好，可以增值，来劲了，一放学就看股票，就问自己的户头，甚至时刻惦记着。家长一看，完了，就像打开潘多拉盒子，孩子精力全花在这上边了。

这时候不要慌，孩子刚学会理财，是会有这么一个阶段，投入过多的精力和兴趣，整日里像个财迷，甚至因此削弱了学习功课的兴趣。这跟我们学会任何一样新事物时的心态是一样的，例如刚刚学会开车，特别上瘾，刚刚学会打麻将，也特别上瘾。我们的方法是等待上瘾期慢慢过去，在上瘾期时，家长可以进行适度冷处理，以不过尔尔的淡定态度，甚至对股票的涨跌毫不惊奇，来削弱孩子的热情。当然，也有孩子会长时间沉浸其中，他有可能会是理财投资高手，家长可以用理性的态度帮助他平衡理财、学习和其他活动之间的关系。在时间上平衡，在精力上平衡，通过一段时间的调适，让孩子达到正常状态。

理财天赋、市场敏感度对现在的孩子来说，应该是很好的素质。之所以出现越来越多的“娃娃富翁”，都是因为他们对市场敏感强。Mark Zukerberg 创建 FACEBOOK 时才不过 20 岁，当时他是哈佛大学二年级的学生，创建这个网站，主要的服务对象是哈佛大学新生，大家把自己的照片、个人信息贴上去，彼此进行交流，很快网站就发展成为年轻人最热门的交友恋爱俱乐部。雅虎曾出资 10 亿美元收购，但被拒绝，如今这个网站还没上市，就被估价到 150 亿美元。

此类“娃娃富翁”的崛起，反映了互联网技术所创造的新文化和新商机，使得企业家越来越年轻。而这类企业家的崛起，并非自己的专业有多优秀，而是对网络文化和同龄人更有理解力，对市场需求更敏感。小学的时候，我做过一次小生意，把商店里批发的零食拿到戏台底下卖，结果赚了几毛钱，给我印象特别深。虽然我对投资理财并不在行，但我觉得，如果放在一个财商较高的孩子身上，这种锻炼有可能是人生的一块基石。因此，帮助有投资理财兴趣的孩子发掘财商，是现代家长们应有的一个观念。

然后谈消费。储蓄、理财的另一个目的，就是消费，用他的钱买他需要的东西。记住，全球的商家都把目光盯在儿童身上，目的是诱发儿童购物欲，这时，孩子非常需要家长的引导。因为 8 岁至 14 岁的儿童已经具有独立的品牌偏好，他们决定着全球每年 3000 亿美元的消费，并影响着 10000 亿美元以上的消费选择。北京、上海、广州等城市的小朋友，人均年消费在几年前就达到 10700 元。商家的促销方式无外乎三种：一，广告捆绑。动画片《喜羊羊与灰太狼》风靡之后，图书、衣服、书包、电子表等贴上该图标的，小朋友都要求购买。二，智取父母。贴上健康、益智、培养天才等标签，让父母欲罢不能。三，童心轰炸。包装讨巧，设计花哨，功能忽略，小朋友容易被童心风格的商品俘虏。

因此，孩子身上有钱，父母对于什么该买，什么不该买，什么时候要节制，都需要耐心跟孩子解释。因为孩子在喜欢的东西面前，很快会忘掉金钱的概念，家长需要帮助分析是否应该进行消费，这是财商教育的重要部分。

Part2 怎么教孩子花钱？

钱到底是用来干什么？这个问题看似不是问题，其实是个大问题。因为很多家长自己都不明白，钱是用来干什么的。反正钱赚得越多越好，存在银行里，越多越满足。到最后人在天堂，钱在银行，终身成为钱的奴隶。

从本质上来说，赚钱并不是最终目的，因为钱只是一种工具。你手里有很多钱，但你不消费时，它就是废纸。因此，钱可以分为两种，一种是死钱，一种是活钱。死钱就是赚了但不知道用来干什么乃至根本没有价值的钱，活钱就是能发挥其经济价值的钱。举个例子，比尔·盖茨要把大部分财产都捐给慈善机构，并且呼吁全世界的富翁拿出一半财产捐献给社会，这就是把死钱变成活钱的方式。

为什么呢？对比尔·盖茨来说，他的钱将来干什么用？一是捐献给社会，二是让子女继承。对他的子女来说，继承几十亿还是继承几百亿，差别并不大。要花一辈子都花不完，要毁几百亿都不够毁，增加几个零没多大意义。我在前面已经说了，你留给孩子的财富越多，其实是剥夺他的快乐和奋斗的空间，他会躺在钱堆里不知道该干什么。这么多钱全部留给孩子，发挥不出钱的价值，是死钱；倘若回馈给社会，让更多的人受益，无疑这笔钱能发挥更大的价值，不但是活钱，而且活得很厉害。

再来看看我们普通大众。虽然我们的钱不像首富那样多得花不完，但同样有死钱和活钱的区别。具体到孩子身上的钱，跟我们成人一样，有几个主要用途：一，满足自己的生活需求；二，帮助他人，礼尚往来；三，未雨绸缪，以备不时之需。

第一种用途我们不必说得过多，家长引导孩子适度消费即可。比如有同学或朋友过生日，孩子总是希望送贵重礼物，家长引导孩子量力而行，告诉他真正表达情感的方式不是单纯依靠钱。

第二种用途，帮助他人，这个在现代社会中很普遍。比如学校里要捐救灾款，这个时候就要跟孩子分析什么才是金钱的最大价值。俗话说，一文钱难倒英雄好汉。同理，在人家最困难的时候，雪中送炭，一文钱可能救一条命，这是金钱发挥最大价值的地方。帮助他人，帮助受困群体，是金钱最大的价值所在。

第三种用途，在储蓄与投资增值中有意识地花钱，让金钱发挥最大的价值。这个世界上守财奴很多，存折里有很多个零，生活中却舍不得吃舍不得穿，贪小便宜，更别提资助他人，回报社会，那么这时候储蓄的意义就不大。储蓄的另外一个目的是为了未来的消费。善于用钱的人，钱是他的奴隶，而善于存钱却不会花钱的人，是钱的奴隶。这里面差别可能就一点点，但性质相反。

如果你的孩子只懂得索取，往自己的钱罐子里填钱，该花的钱却不花，不肯让给他人一分一毫，他就有守财奴的趋向，因为他没明白钱的本质。你要跟孩子说，现在存钱，将来有可能在什么情况下用，比如用于帮助需要帮助的同学，用于看望老人家买礼物，用于自己上大学，等等，有了这些远期使用目标，钱才是活钱。

关于如何培养孩子的金钱观，如何理财，是个非常复杂的问题，每个家庭环境不一样，会出现各种各样的认识偏颇。

F的女儿跟爷爷奶奶住在一起，养成要风得风要雨得雨的习惯，满足不了就撒泼，每个月几百块钱的零用消费让F受不了。这不，7岁的女儿看见邻居的孩子有儿童电脑，她也吵着要，遭到拒绝后，每天闹个没完。

显然，这个孩子已经养成了乱花钱的坏习惯，要将坏习惯一下子戒除，这是不可能的，长久形成的习惯也需要花很长时间才能消除。最好的办法是先满足她的一部分欲望，然后导入正确的观念。于是F这样说："要买电脑可以，但是爸爸没那么多钱，不如我们合资买，你出一半，爸爸出一半。"这个办法虽然没有满足她的全部愿望，但至少让她有奔头，比起完全拒绝她效果好得多。于是，F引导孩子存钱，等到她把零花钱和压岁钱存到一定数额的时候，再合资来买。在这个过程中，孩子自然学到很多处理金钱的方法，至少知道，钱不是想要就有的。

F对孩子的无理要求没有硬碰硬，而是把这件事变成了一个教育过

……让孩子明白，买任何东西必须通过自己的努力，而非伸手这么简单。

程，让孩子学会攒钱，学会沟通和合作。孩子以后也知道，买任何东西，必须要经过自己的努力，而非伸出手来这么简单。

总之，对中国的父母来说，理财教育是一种新型的教育，适度地让孩子参与家庭的投资理财活动，独立处理他自己的存款，这也是一种潜移默化的理财教育。但在培养孩子财商的同时，不要让孩子变成金钱的奴隶，这样孩子在钱与人之间，才会有一种健康的关系。

TRAINING MANUAL FOR CHILDREN 28

早恋虽美，但确实不妥

家长对待孩子的早恋，必须明确态度，早恋并非一定要一棍子打死，不必抱着气急败坏或者恨不得一下子扑灭的态度。要面对孩子早恋的事实，接受孩子有这样的权利，只是因为孩子还处于情感的幼稚期，早恋有可能会产生不良后果，家长才有权利介入，加以矫正。

Part1
孩子有权利早恋，父母要学会引导

孩子早恋是家长想躲避而无法躲避的一个问题。由于现在生活条件优越，食品激素含量增加，加上电视言情偶像剧、网络等软环境的影响，孩子早恋现象严重，以前发生在中学阶段，现在提前到小学阶段，虽然有的男女生的情谊只是一种正常的交往，并不是明确的恋受，但不能不引起家长的担忧。以中国的传统，早恋又是父母与子女忌讳的话题。在中国，能够把感情问题拿出来坦诚交流的父母与子女，比例是非常少的，这一现象让早恋问题变得更加的棘手。

家长害怕孩子早恋，都认为早恋是孩子成长中不该发生的事情，但不知该如何有效解决。那么，在解决这个问题之前，家长要问问自己，怕孩子早恋，到底怕什么？

早恋的主要后果集中在三点。第一，早恋的孩子对感情投入很大的精力，魂不守舍，影响学习。第二，早恋往往与怀孕、堕胎、出走等问题紧密相关。第三，孩子在心理还未成熟之际，过早介入情感问题，容易造成心灵的扭曲或者创伤。一项数据表明，那些私人非法引产医疗室暑期生意特别火，这便是早恋后果的证明。在这一点上，女生的父母尤为担忧。

认识这三点不良后果，还要认识早恋的客观性。假如你的孩子早恋了，说明他（她）已经情窦初开了，早恋是一个事实，你强硬阻止和打压，效果未必好，他（她）的反抗可能很厉害。作为一个独立的人，他（她）拥有恋爱的权利，尽管不符合孩子的身份、年龄、经济条件等各方面要求，但的确是天赋人权。

早恋的客观性决定了，假如你不能在孩子早恋之前与他（她）谈论这个话题，并且在思想上达成一致，那么现在你必须承认，他（她）在做一件有权利做的事情。作为家长，只有调解和劝导的权利，没有强行扼杀的权利（你不能说：你是我养的，所以必须听我的）。有的家长一见孩子恋爱，便气急败坏，使用围追堵截的强硬手段，最终适得其反。

因此，家长对待孩子的早恋，必须明确态度，早恋并非一定要一棍子打死，不必抱着气急败坏或者恨不得一下子扑灭的态度。要面对孩子早恋的事实，接受孩子有这样的权利，只是因为孩子还处于情感的幼稚期，早恋有可能会产生一些不良后果，家长才有权利介入，加以矫正。

情窦初开，情感的力量是非常强大而无所顾忌的，逼急了可以不管不顾，以死相争，这要求家长的阻止必须有策略，不能蛮干。针对不同性格的孩子，我们可以采取不同的方法。这样做的目的，主要是为避免出现孩子的身心受到伤害。假如能够避免伤害，那么孩子的早恋并非那么可怕。

Part2

如何“温柔地扼杀”早恋？

父母发觉孩子已经早恋了，怎么办？因为每个孩子的性格脾气，与父母的沟通程度不一样，我们很难拿出一个办法来解决所有的问题。但是我们可以根据案例，找出解决的规律，父母需要动脑子分析，然后根据自己孩子的状况，找到适合的方法。

举一个关于学生早恋的经典案例。

外国的一个男孩，他不知不觉地陷入了一个女生编织的情网。他们开始约会，常常在周末远离街区，跑到郊区的河畔和小山岗，在那里玩耍嬉戏，情到深处也会激情拥吻。

他的变化被父亲看在眼里。处在莽撞毛糙的青春期的儿子一度显示出了异常举动，多数时间心思重重，神游身外，其间伴随有间歇性的傻笑。作为过来人，这位一直受西方思想熏陶的大个子葡萄酒商人敏锐地察觉到，儿子一定是有了心上人。可是，儿子还是如此稚嫩孱弱，虽然个头已经快和自己差不多，但是，他除了会学习，其他什么也不会，甚至连衣服都不会洗。沉醉初恋不知归路的儿子是在携带着美好情愫走可怕的感情钢丝啊！他决定和儿子好好谈一谈。父子间的谈话是在一次晚餐时进行的。父亲直言不讳地问儿子：“奥罕，告诉爸爸，那个入你法眼的女孩子叫什么？”

儿子因意外而显得非常吃惊。只是怔了片刻，随即垂着头轻声告诉了父亲。他不敢抬头直视父亲，等着父亲大发雷霆。

父亲说：“还是到此为止吧，听爸爸的话。”

他见父亲态度温和，胆子渐渐大了起来。他为自己辩解：“爸爸，是她主动的。况且，她的条件的确不错呀！”他觉得更像是在为他们的那份感情辩护，心底有一股豪气油然升腾。

父亲轻轻摇头：“奥罕，你还太小。”

“太小？爸爸，我已经19岁了，是一个男子汉了。而你，当年只有17岁不就和妈妈好上了？”他自认为抓住了父亲的话柄，情绪越发激动起来。

他说的确是实情。他等着父亲妥协。

可是，他听见依然和蔼的父亲说了这样一番话：“你说的没错。可是，你知道吗，我17岁的时候已经在葡萄酒作坊当酿酒师傅了，每个月能拿2000万里拉。我是说，我当时已经能够自食其力，有一定的经济实力为爱情埋单。你呢，一个里拉都挣不到，你凭什么心安理得地钟爱自己心仪的女孩？”

他桀骜的心被父亲的话征服了，埋头扒饭，一声不吭。

父亲又语重心长地安慰他：“奥罕，不是爸爸古董封建。你想想看，一个男人如果没有经济基础，不能为他的爱人提供必要的物质保证，如果你是女子，你会怎么看待这样的男人？儿子，我告诉你，我一直都认为，一个男人，如果没有一份赚钱的工作，不能自食其力，哪怕他40岁甚至50岁，都不配谈恋爱，谈了，就是早恋；相反，只要他有挣钱养家的本事，15岁恋爱也不算早恋！”

父亲的一番话可谓语出惊人，是他闻所未闻的逻辑，但又是那么入情入理，无懈可击。一语惊醒梦中人，经过思想斗争，他做出了从这段虚幻飘渺的无根之爱中抽身而退的决定，尽管为此他承受了半年

……早恋虽美，但你还没有自立能力，早恋是不妥的。

的痛苦。

牢记着父亲的嘱咐，他知道自己涉足感情还为时过早，于是把精力集中在学业上，最终一举考上伊斯坦布尔科技大学——土耳其最好的国立大学，并在这里牢固地奠定了日后事业的基础。

他就是奥罕·帕慕克，2006年度诺贝尔文学奖获得者。

荣获巨奖之后，奥罕·帕慕克曾在重要场合多次提到这件鲜为人知的早年趣事，坦言自己感激父亲当年温柔地扼杀了一场愚蠢而羞赧的情感，让自己避免了蹉跎年华。土耳其国家级大报《自由之声》的一位资深评论员发表评论，说奥罕·帕慕克父子当年的交谈“是人类文化史上绝无仅有的经典细节”。

在这个案例中，我们看见了一个父亲的经典教育案例，用俗话说，就是以理服人，用逻辑征服儿子的思维，并且给儿子树立一个人生的标杆，指出什么人才有恋爱的资格。

有的父母会反问：可是，我自己的儿子可不像奥罕·帕慕克这么明理，岂是三言两语能够说服的。是的，在家庭教育观念甚是模糊的中国，孩子很难与父母在理智上达成如此默契，但是我要说的是，拿出有说服力的理由来说服孩子，依然是解决早恋的根本途径。也就是说，首先你必须找到一个让孩子停止早恋的权威理由，甚至这个理由就是说：你还没有自力更生的能力，不能为爱人提供经济基础，所以没有恋爱的权利。你可以一再强调与说服，甚至你要做一番功课，从孩子性格所能接受的角度去说服。俗话说，谎言说一千遍也会变成真理，相信家长持之以恒坚持的一些原则，绝对可以无形中渗入孩子的脑海。简单说，你告诉孩子早恋有益身心，他会相信；你告诉他早恋有害身心，他亦能相信。

如何说服，以什么理由说服，这是一门有技术含量的艺术，必须观察孩子早恋的个人特点。一般来说，可以按照早恋类型来分析。根据有关专家的梳理，早恋可以分为八种类型。

第一种，爱慕型，即青少年之间由于爱慕对方而产生的早恋现象。根据爱慕对象的不同，又可分为：仪表型，由于爱慕对方外在的仪表而产生的早恋；专长型，由于爱慕对方的能力而产生的早恋；品性型，由于爱慕对方的优秀品性而产生的早恋。

第二种，好奇型，即由于对异性的好奇而产生的早恋现象。对异性产生强烈的好奇心，是青少年随着性意识的萌发而自然产生的一种心理现象。青少年由于生理发育和性成熟，很容易产生性冲动，对异性变得很敏感，渴望了解异性的生理和心理，了解异性对自己的态度。为了满足这种好奇心，就想结交异性朋友，建立恋爱关系。

第三种，模仿型，即因为模仿别人的行为而产生的早恋现象。模仿的对象主要来自社会生活、影视作品和报刊书籍。

第四种，从众型，即迫于周围人的压力产生的早恋现象。周围人是指所处的同龄群体。

第五种，愉悦型，即为了获得愉悦的情感体验而产生的早恋现象。青春期男女之间的密切交往，往往会给双方带来愉快的体验，这种愉快的体验会进一步促进青少年之间的密切交往，逐渐转变为早恋。

第六种，补偿型，即为了获得感情补偿和排解受挫的情绪而产生的早恋现象。感情补偿是指青少年在学业上或感情方面受到挫折时，出于争强好胜的心理，或者为了摆脱感情创伤，想用早恋的方式排遣

……父母与孩子共同理解和感受早恋的情感，并带孩子抽身而出。

受挫的情绪，从异性那里获得情感补偿。

第七种，逆反型，即由于青少年在两性交往中受到别人不恰当的干预所产生的早恋现象。最典型的心理就是“你们不许我这样做，我偏要这样做”。在逆反心理的作用下，正常的异性交往会迅速向早恋关系发展。

第八种，病理型，即由于病理原因而产生的早恋现象。由于营养过剩，一些食品中含有性激素导致性早熟，发生早恋。或者生理上的疾病、家庭遗传等原因，造成一些青少年身体早熟，身体外观像成年人，或者心理早熟，或者性变态心理等，这些都会诱发青少年早恋。

家长可以通过对孩子恋爱类型的观察，找到适当的切入点来进行说服教育。比如说，如果是补偿型早恋，可能是因为缺少母爱或者父爱做出的早恋选择，则要给予孩子抚慰。

找到说服孩子中止早恋的理由后，可以教给孩子分手的技巧。在孩子承受痛苦的时候，家长要与孩子一起分担，并告诉孩子，痛苦是必须承受的并且在人生中微不足道。

我自己在高三的时候早恋，被家长强行阻止，犹如五雷轰顶，失去初恋，我觉得整个世界都要崩溃了。但是家长从来没有告诉我早恋有什么不好，以及如何承受分手后的痛苦。我在两难的抉择中茫然，并且数次在心痛时用小刀割自己的手腕。我自己的例子说明，家长只有阻止，但没有分担，这是不明智和不负责任的。所以，针对早恋问题，我倾向于父母与孩子共同理解和感受这份情感，并且帮助孩子抽身而出。这样可以让孩子明白，一，你尊重他的这份情感；二，这份情感确实有不妥之处，于人生裨益无多；三，在方法上慢慢淡化，变成普通朋友，而不至于把事情搞得一团糟，甚至闹出人命。总之，将这份情感变成美好回忆而不是一场噩梦。

29

TRAINING MANUAL FOR CHILDREN

一夜成名和个人主义是成长的陷阱

一夜成名，就跟摸彩票一样，属于少数人的游戏。但是因为它的戏剧性，许多人幻想它也会发生在自己身上。其实，绝大多数人的成功，还是要靠扎扎实实的努力，一分耕耘一分收获。

如果个人主义深入骨髓，当官的容易当成贪官，做生意的容易犯规。也就是说，负面效应迟早会爆发出来。

Part1

一夜成名，就跟摸彩票一样

孩子成长的环境包括家庭、学校和社会。现在，电视、网络、图书等媒介的发达，使得孩子比家长更能感受到社会的风气和潮流。这些潮流引导孩子的审美、消费和追求倾向乃至性格塑造，既有正面影响，不可避免也有负面影响。对于社会风气的影响，家长必须重视。但是很多家长难以下手，因为对孩子所赶的潮流一窍不通，或者很难介入。一旦家长对孩子谈起这类话题，孩子的态度是：你不懂，你过时了，少跟我谈。

因此，家长需要宏观地了解社会流俗和风气，以便明白孩子是如何受影响，以及受到影响后如何去矫正他。否则家长再怎么费力教育也没用，孩子以时髦的名义在社会上学到更多东西，直至形成自己的价值观，与家长格格不入。

如今的社会风气，在我看来有两点对孩子影响很大，家长需要警惕。

自从“超级女生”等选秀节目红火之后，一夜成名成为青少年的梦想。此类节目海选之时可以说是人山人海，五音不全者都赶趟儿去，那些隐藏在少男少女心中的梦想一下子爆发出来。自己热情参与，成绩不好就当粉丝，以追星为己任，成为娱乐世界里疯狂的一份子。

对于参加娱乐选秀之举，当然不必把它当成可怕的现象，但必须辨证地分析其对孩子的影响，有益处也有坏处。

益处是此类节目带来的风气，使得少男少女们敢想敢做，勇于尝试，即便不知音乐为何物，也可以在尝试中多一份人生经历。

坏处则是容易培养孩子的痴心幻想，认为人生的机遇是撞上的，选秀是成功的捷径，获得成功将不用学习了。认为成名是人生最大的目标，如果自己无法成名，就把一夜成名的选秀歌手当偶像，来获得心理的平衡。

小晚是个初中生，成绩平平，学习不太专心，但对于娱乐消息极其灵通。经常逃课到省会城市去追星。当父母责怪时，她就会辩驳："你们太土了，理解不了，等我成功的时候你们就知道了。"

她的成功究竟是什么，父母不懂，估计她自己也不懂。或者说她觉得偶像离自己很近，自己迟早也会成功。

因此可以看出，孩子妄图一夜成名，不努力走正道，是现在的社会风气带来的最大坏处之一。这也会导致孩子人生观和价值观的偏差。面对这种现状，父母必须与孩子共同探讨娱乐现象或者一夜成名的本质。

首先，一夜成名，就跟摸彩票一样，属于少数人的游戏。但是因为它的戏剧性，许多人幻想它也会发生在自己身上。其实，绝大多数人的成功，还是要靠扎扎实实的努力，一分耕耘一分收获。一夜成名的心理，是一种投机心态，只会使自己丧失努力的勇气。

其次，成名就那么好吗？曾经有一个孩子在 QQ 上对我说："我太想出名了，有什么好办法吗？"这只是在网上，但我能感受到他热切的渴望。因此，必须好好分析何为成名。成名有那么好吗？像芙蓉姐姐、风姐之类的成名，只是社会的笑料，只是这个娱乐社会的丑角，不值得效仿。名副其实的成名，是靠努力得来的，名声与技能匹配，才能在社会上获得真正的认可。

再次，成名并不是每个人都能承受的，有很多成名的艺人都得过抑郁症。成名前后的落差，社会评价的压力，事业起伏的波折，都会让艺人承受巨大的心理压力，甚至发疯。在韩国，艺人自杀屡见不鲜。所以，并非每个人都适合成名。另外，娱乐的本质就是明星利用粉丝的盲目追求来获得人气乃至利益，娱乐明星本身并无多少值得推崇效仿之处。

诸如此类的分析，在与孩子观看娱乐节目时，可以进行交流，引导孩子看清现象背后的本质，避免孩子形成一夜成名的心理，乃至变成一个傻乎乎的粉丝，找不到自我。

目前社会上很多青少年为了出名，利用娴熟的网络技术，制造一个个轰动的“XX门”，用来夺人眼球，也不知道出名为了什么。陷入这种风气的孩子，需要家长好好引导。

Part2 个人功利主义是一颗地雷

在如今的商品经济社会，有一类偶像很受青少年推崇——个人英雄。

郭敬明是青少年的偶像，也是个人功利主义的代表。他的书销量很大，小说不是以内容取胜，而是以销量大而闻名。郭敬明喜欢在博客上显摆自己的名牌、品味和商业才能，而从不谈社会责任。他被人告了抄袭，法院判他输了，他也不肯道歉，还美其名曰我行我素。

这就是个人功利主义，将个人欲望的满足视为第一位，视为骄傲和信仰，以郭敬明为偶像的孩子，很有可能正在接受个人功利主义的熏染。

一些家长会说，很好呀，如果我的孩子跟郭敬明一样，让自己活得更好，何乐不为？难道非要去空谈什么为社会为国家做贡献吗？此说有一定的道理，但只是表面的道理。

个人功利主义深入骨髓，会产生负面的效应，当官的容易当成贪官，做生意的容易犯规。也就是说，负面效应迟早会爆发出来。其次，个人功利主义并不能构成幸福的人生。增强生活的幸福感有两个方面，一方面是增加满足欲望的手段，另一方面是管理好欲望。个人功利主义者无止境地满足欲望，却不去管理好欲望，能不犯事吗？

我们说，一定的功利心每个人都有，每个人必须首先为自己活着。然而，当个人功利主义无限膨胀时，不论是个人还是社会，都会陷入怪圈。

当今社会崇拜的是经济英雄，这是个人功利主义盛行的社会原因。在电视上、大学里演讲的那些经济英雄，很容易成为青少年的偶像，并被懵懂中的青少年效仿。崇拜经济英雄，这本身没有错，但必须分清真材实料还是自我炒作。

举两个例子。第一个例子，号称中国“打工皇帝”的唐骏，也号称“十亿转会先生”，被打假斗士方舟子揪出来，指出他的加州理工大学博士文凭子虚乌有，西太平洋大学博士学位也是野鸡大学颁发的，而且其微软的经历也有造假。看此人的演讲，无不是油嘴滑舌地粉饰自己，把不属于自己的专利，所谓“四大发明”安在自己身上，甚至把“中国十大帅哥总裁”的娱乐头衔也放在自己身上，说到职场的那一套，不外乎怎么耍小聪明。但是，他却是大学生的偶像，被多所大学聘请演讲。他身上的个人功利主义集中体现在不失时机地包装自己，不惜用虚假、夸张的材料，把自己打造成“打工皇帝”和“青年导师”。这种经济英雄招摇混世，余毒传染给青少年，青少年学到的都是不择手段利己的那一套。对于这种社会现象，家长应该及时提醒孩子加以警惕。

第二个例子，阿里巴巴的创始人马云先生。他的经历自不必说，在网络世界里奋斗近十年才成为新经济英雄。马云的成功之处在于，他涉足网络执著追求理想，历经无数挫折，但他坚信网络商务是未来经济发展的大趋势，因此耐心等待网络商务时代的来临，最终走向成功。他身上具有执著、永不言弃和理想主义的精神，是货真价实的偶像。

在这个到处都渗透着功利主义教育的社会，我们不妨也给孩子加入理想主义教育，使孩子拥有健全的人格。让孩子不但有对金钱的欲望，而且有对金钱的控制力，知道什么钱该要什么钱不该要，让孩子把精力集中到该用的地方，而避开危险的歪门邪道。钱很重要，但也没那么重要，一个真正有理想的人从来不会栽在金钱上。

再比如从相亲节目“非诚勿扰”中走出来的马诺，前阵子成为热门人物，为什么？因为她极度拜金，个人主义膨胀到极点，很多人还以为她很酷很真实。这种极端拜金主义极容易影响青少年，使他们为了钱什么都能豁出去。有些家长会认为这也对呀，孩子不自私不拜金怎么能混得好呢？实际上这种极端拜金主义的教育，是人生道路上埋

……具有执著、永不言弃和理想主义精神的偶像，是货真价实的偶像。

下的一颗地雷，迟早要爆炸的。当你的孩子将来成为兼职小偷、成为腐败分子、成为作奸犯科人士、成为经济犯的时候，你才会想到，罗马不是一天建成的，很早以前输入的一些观念没有纠正，现在终于爆发了。

总的来说，这些容易影响孩子的社会风气，通过电视或者网络吸引孩子的注意力，家长要有自己的判断力，主动跟孩子讨论和交流，取其精华，去其糟粕，培养孩子对社会现象的价值判断：如果郭敬明有点社会责任，有与其知名度相匹配的社会担当，那就比较完美；如果唐骏没有过度地包装和伪装自己，也不失为一个成功人士。这些分析能够使孩子从各种喧嚣的社会现象中理清思路，找到自己的方向。

后记

教育是一种通俗易懂的常识

这本书于2008年开始写作，并匿名发表在“天涯杂谈”网站上，支持者甚众，两三天就“红脸”，成为当时的热帖。这成为鼓励我继续写下去的动力。

很多家长看完帖子，不满足于网络交流，要我留下电话。我给几个有此强烈要求的家长留下电话，他们很快就与我联系，大家所面对的几乎都是特别为难的教育局面。给我留下的印象是，这些家长平日没有明确的教育观念，现在出现特别棘手的问题，才开始慌了，临时抱佛脚。但孩子养成坏习惯并非一朝一夕，解决问题又哪有方法立竿见影？因此，我觉得家长平时是否有正确的教育观念，可能影响孩子的一生。

我写作此书的目的也正在于此，帮助家长树立和提高教育意识，让家长成为孩子人生中最重要的老师。

比较早的时候，就有家长希望我能把这些教育感想结集成书，也有多家出版单位来联系出版事宜。但我觉得时机尚未成熟，便让一些家长自己打印传阅，暂时无须考虑版权事宜。一位家长说，我已经打印给老公和婆婆看了，希望看后我们的教育思想能够达成统一。这正是我的一种期望。

今年上半年我在《海峡都市报》开了“儿女培养手册”专栏，又有很多读者催问何时出书，让我深深感受到读者朋友的迫切交流之意。适逢凤凰联动诚意相邀，才有此书面世。

我一直强调教育并非一家之言，每个家长需要的教育理论可能都不一样，任何人都可能是教育家。教育也并非深奥的学问，更多的是一种通俗易懂的常识，蕴含在一瓢一饮、一言一行中。正基于此，我将这些教育心得献给大家的同时，希望更多家长、专家参与交流讨论，更期待大家学以致用，在实践中出真知。

最后，读者如果有任何教育问题，请发邮件到88248251@qq.com中交流切磋。

李师江

2010年8月1日

跨越三个世纪，畅销全球的教育经典
世界上最伟大的亲子教育书，中国大陆销售超300万册

《卡尔·威特的教育》（珍藏本）

这本出自19世纪一个睿智乡村牧师之手的奇书，用事实告诉我们：每一个孩子都具备成为天才的潜力。书中详细地记载了卡尔的成长过程，以及老卡尔·威特教子的心得和独辟蹊径的教育方法，阐述了早期教育的精辟理论，为培养孩子提供了一个范本。阅读此书，你可以成就自己的孩子。

●（德）卡尔·威特/著
●16开　●25.00元

儿童早期教育鼻祖木村久一最具影响力的经典著作
最早、最完全、最详尽的早期教育理论集大成之书

《早期教育与天才》

本书通过一个个天才诞生的生动事例，澄清了一些教育误区，阐述了儿童早期教育的重要性、迫切性和可行性，告诉我们应该如何培养孩子不同寻常的综合素质，观点精辟，具有极强的可读性与可操作性。曾在日本掀起了前所未有的早教风暴，被教育界奉为家庭教育“圣经”，一代又一代的人从中受益。至今，它仍极具实效性，是父母们教育子女的首选著作，每个家庭的枕边书。对于本书，不仅要读，还要去做。而且，越早读，越受益；越早做，越能改变孩子的一生。

●（日）木村久一/著
●16开　●25.00元

台湾亲子类畅销排行榜第1名
在母亲与孩子的故事里，你会重温那份久违的感动
在守望与成长的交织中，你会发现幸福其实很简单

《遇见世上最好的爱》

本书讲述了母子间平凡而感人的点点滴滴，作为一个母亲，作者以自己的亲身经历和感受与大家分享：在孩子的成长中，母亲除了艰辛还有感动——请你一定要相信，遇见了孩子，就是遇见了世上最好的爱！同样，对孩子来说，母亲守望的是快乐成长的孩子，而不是那一张张卷子上枯燥的分数。作者在动人的故事中，寄寓了平凡而不乏深刻的教育真理，对读者来说，阅读这样一本书不仅可以享受文字所带来的美的熏陶，同时也会顿悟相伴孩子成长的快乐之道！

●刘继荣/著
●32开　●20.00元